Manuela Haas

Proximidade e distância

Manuela Haas

Proximidade e distância

Comportamento profissional nas relações de ajuda em serviço social

ScienciaScripts

Imprint

Cover image: www.ingimage.com

This book is a translation from the original published under ISBN 978-3-639-76014-9.

Publisher:
Sciencia Scripts
is a trademark of
Dodo Books Indian Ocean Ltd. and OmniScriptum S.R.L publishing group

120 High Road, East Finchley, London, N2 9ED, United Kingdom
Str. Armeneasca 28/1, office 1, Chisinau MD-2012, Republic of Moldova, Europe
Printed at: see last page
ISBN: 978-620-8-32108-6

O índice:

Capítulo 1

1. Introdução

Na minha carreira profissional, trabalhei durante cinco anos como *conselheira socioeducativa* numa comunidade residencial coeducativa, social e experimental para raparigas e rapazes a partir dos 13 anos. O grupo-alvo é constituído por jovens com problemas de comportamento nas áreas emocional, social e/ou de desempenho. Devido a estes problemas, não lhes é possível permanecer na sua família de origem, uma vez que esta já não é responsável. Fui responsável por dois adolescentes como *conselheiro de referência* e pessoa de contacto. A abordagem dos cuidados é orientada para a ação e para os recursos. O foco do trabalho reside na interação entre o apoio individual intensivo, a educação experiencial integradora e actividades de lazer organizadas de forma significativa.

No meu trabalho, na maior parte das vezes abrangente, como conselheiro de vinculação, fui confrontado com a questão de encontrar o equilíbrio certo entre proximidade e distância da minha profissão e dos meus clientes desde o início.

1.1 Interesse e questão de investigação

O meu interesse por este tema desenvolveu-se no decurso do meu trabalho num apartamento partilhado. Pude aprender como se pode organizar o contacto de ajuda com os jovens, nomeadamente no meu papel de cuidadora.

Trabalhei em estreita colaboração com os jovens, graças ao sistema de apoio. Para criar uma distância correta e importante, tive de me distinguir, o que nem sempre foi fácil, especialmente no início do meu trabalho. Tentei ganhar uma posição de confiança, mas sem deixar de manter o meu profissionalismo. Como resultado da reflexão sobre os meus próprios.

Com base nas minhas próprias experiências e no comportamento de outros assistentes sociais, decidi analisar mais de perto a tensão entre proximidade e distância nas relações de ajuda.

O meu objetivo neste artigo é mostrar que "a proximidade e a distância (...) é uma tarefa inevitável, especialmente nos campos sociais e educativos da ação profissional" (Dörr/Müller 2007, p. 8). Os profissionais devem ser suficientemente capazes de "(...) entrelaçar e mediar habilmente a proximidade e a distância em relação aos seus destinatários e aos seus problemas" (ibid., p. 8). A fim de contrariar o "esgotamento" e o "embotamento" da atividade profissional, coloca-se a questão de saber *como é que os técnicos de ajuda podem ultrapassar o problema da proximidade-distância e evitar um desequilíbrio desta polaridade nas relações de ajuda em serviço social.* Na minha pesquisa bibliográfica, deparei-me com a *competência reflexiva* e *a autenticidade*, temas com que os profissionais têm inevitavelmente de lidar para actuarem profissionalmente nesta área de tensão.

1.2 Estrutura do trabalho

O trabalho que se segue é composto por três capítulos. Enquanto os dois primeiros capítulos representam uma abordagem ao tema, o terceiro capítulo refere-se explicitamente à minha questão de investigação.

No **primeiro capítulo**, abordo a questão *"O que é o profissional?"* e a atitude profissional que transporta o comportamento profissional e o torna visível. De seguida, discuto dois modelos profissionais que ilustram as consequências de diferentes abordagens teóricas. Ambos os modelos são "(...) significativos para o discurso sobre a teoria profissional no trabalho social (...)" e têm "(...) conduzido a avaliações divergentes do grau de profissionalização e da profissionalidade fundamental desta profissão (...)" (Heiner 2004, p. 17). No final do primeiro capítulo, apresento um modelo-quadro selecionado de comportamento profissional bem sucedido.

Para poder passar aos aspectos de uma relação profissional, no início do **segundo capítulo abordo** o que é uma relação, ou seja, uma definição geral de relação, e diferencio as relações de papéis e as relações pessoais da psicologia quotidiana. De seguida, baseio-me nas experiências de Carl R. Rogers com os seus clientes para compreender melhor os elementos básicos de uma relação de ajuda bem sucedida. A partir destas experiências, ele desenvolveu as condições essenciais para que uma relação de ajuda funcione. Vou analisar mais de perto os quatro elementos de uma relação de ajuda que são importantes para ele, nomeadamente a congruência, a empatia, a apreciação ou afeto positivo e a aceitação incondicional. De seguida, analiso o conceito de transferência e contra-transferência em termos do seu significado para o trabalho social, que é uma dificuldade particular a que o ajudante está repetidamente exposto na relação com os seus clientes. No final do terceiro capítulo, abordo o trabalho de relação e a aliança de trabalho, para mostrar que o trabalho de relação é uma necessidade quotidiana e prática nas relações profissionais de ajuda. Neste contexto, falarei também sobre a aliança de trabalho, que representa acordos entre pessoas específicas e clarifica as condições de enquadramento dentro das quais uma relação se pode desenvolver (cf. Bimschas/Schröder 2003, p. 22). Todas as relações humanas têm de lidar com polaridades que precisam de ser mantidas em equilíbrio. É assim que
O terceiro capítulo trata da polaridade da proximidade e da distância. No início deste capítulo, procuro concetualizar os conceitos de proximidade e distância nos campos de trabalho pedagógico. De acordo com Dörr e Müller (2007, p. 8), a proximidade e a distância são "(...) uma tarefa inevitável, especialmente nos campos sociais e pedagógicos da ação profissional. Ao contrário das acções quotidianas, os profissionais devem ser capazes de "(...) entrelaçar e mediar habilmente a proximidade e a distância em relação aos seus destinatários e aos seus problemas" (ibid., p. 8). No passo seguinte, abordarei o tema do equilíbrio entre proximidade e distância e o facto de este par de termos necessitar um do outro para ser utilizado de forma significativa (cf. Stierlin

1972, p. 62). De seguida, abordarei a questão do desequilíbrio entre proximidade e distância e, ao fazê-lo, o "esgotamento profissional" no Serviço Social. Um equilíbrio inadequado entre proximidade e distância pode conduzir ao "burnout" do ajudante, a um "embotamento" do seu comportamento no âmbito da atividade profissional e mesmo ao abandono da profissão. No final do quarto capítulo, destacarei as oportunidades para os profissionais que podem promover uma gestão bem sucedida do problema da proximidade-distância. Para além de muitas outras competências, optei por explicar mais detalhadamente a competência reflexiva e a autenticidade na minha pesquisa bibliográfica.

No final, há uma síntese em que se resumem os resultados e as conclusões do trabalho e uma perspetiva.

No meu trabalho, os termos assistente social e pedagogo social são utilizados em paralelo. Gostaria também de salientar que, nalgumas obras, apenas foi utilizada a forma masculina, o que pode ser reconhecido nas citações literais.

Capítulo 2

2. Comportamento profissional em serviço social

"O trabalho social tem problemas em identificar os seus serviços e a sua qualidade perante o público e também perante si próprio, apesar de se ter estabelecido amplamente nos últimos 20 anos e de se ter tornado parte integrante e natural das infra-estruturas municipais modernas no decurso da sua crescente normalização" (Heiner 2004, p. 7).

Isto torna ainda mais importante para mim, pessoalmente, responder a estes défices e tornar claro que a ação profissional pode ser concretizada em boas práticas. De seguida, abordarei a questão *"O que é o profissional?"* e a *atitude profissional* que transporta *o comportamento profissional* e o torna visível.

2.1 Comportamento profissional - Uma abordagem à terminologia

l/Vas *é profissional?* - Herwig-Lempp (2003, p. 10) considera que são necessárias teorias e uma orientação para os requisitos da prática do trabalho social para dar resposta a esta questão. O termo exprime isso mesmo,

- "(...) que se trata de uma atividade que requer determinados **conhecimentos e experiência.**

  e competências [sublinhado no original] necessárias (...)
- que tal reconhece **a qualidade** [sublinhado no original]

  do trabalho efectuado ou que se pode esperar um determinado padrão de qualidade
- que alguém **ganha a vida** com essa atividade [sublinhado nosso

  bung no original] (ibid., p. 10).

Herwig-Lempp (2003, p. 10) afirma que foi assim desenvolvido um pequeno conceito do que é considerado profissional. Como caraterísticas adicionais ou mais precisas do profissionalismo, ele enumera

- a formação
- os métodos e instrumentos da profissão
- a reflexão profissional
- a organização
- o dinheiro
- orientação para o cliente
- a clarificação da ordem
- a qualidade do trabalho
- os limites da competência

(cf. Herwig-Lempp 1997, citado em: Herwig-Lempp 2003, p. 10).

Para me aproximar do conceito de comportamento profissional, debruçar-me-ei agora sobre a *atitude profissional* em serviço social, que transporta e ilumina o comportamento sócio-pedagógico.

Profissão vem do latim (*professio*) e significa confissão, comércio, negócio, declaração pública (cf. Mührel 2008, p. 62). "*Professio*, por sua vez, vem do latim *profiteri*, que não significa outra coisa senão *declarar-se publicamente uma profissão"* (ibid., p. 62). A profissionalização descreve o processo de "(...) *fazer-se profissão* ou *declarar-se profissão"* (ibid., p. 62). Agir profissionalmente significa que alguém aborda as coisas de uma forma profissional (cf. ibid., p. 62). Em termos de história concetual, profissão não se refere, portanto, inicialmente a perícia, qualidade ou eficiência, mas sim a uma declaração, um compromisso. Uma declaração ou um compromisso é precedido pelo apelo de um outro. A resposta está na declaração ou no compromisso. Aí, toma-se uma atitude em relação a esse apelo. A profissão é a expressão e o fundamento dessa atitude. (cf. ibid., p. 63) Mührel (2008, p. 67) afirma que, nesta abordagem, a profissão pressupõe e exprime uma atitude. Sem o chamamento de outrem, não haveria razão para uma atitude. A atitude que resulta do chamamento também desperta a auto-perceção e a autorreflexão em relação ao outro. (cf. ibid., p. 67)

Falar de uma atitude profissional dá muitas vezes a impressão de que esta atitude pode ser claramente distinguida de outras atitudes. Por exemplo, coloca-se a questão de saber o que se entende por uma atitude não profissional. (cf. ibid., p. 45) "Para exercer a profissão de assistente social, basta ter bom coração e bom senso e adotar uma atitude natural em relação ao cliente" (ibid., p. 45). É frequente encontrarmos este entendimento ingénuo por parte de estranhos, mas também por parte dos profissionais de serviço social, o que é razão suficiente para irmos ao fundo da questão da atitude profissional (cf. ibid., p. 45).

Mührel (2008, p. 175) é de opinião que a atitude não pode basear-se apenas numa espécie de treino de padrões de comportamento. Também é necessário "(...) refletir sobre as próprias acções e analisar criticamente os conhecimentos teóricos" (ibid., p. 175). De acordo com Mührel (2008, p. 175), a atitude profissional em Serviço Social assenta em três pilares:

1. "Conhecimentos práticos para a tomada de decisões ou conhecimentos de intervenção que o

   adequação da intervenção em relação à situação e ao cliente.

2. O conhecimento reflexivo é a intersecção do conhecimento intelectual com o

   acções próprias.

3. Conhecimentos científicos explicativos que ajudam as pessoas a refletir sobre as suas próprias

   ação e a sua lógica e justificação". (ibid., p. 175)

Os conhecimentos especializados, bem como as competências metodológicas e de diagnóstico, são essenciais para intervenções adequadas à situação e ao cliente (cf.

ibid., p. 179). Mührel (2008, p. 179) afirma que existe uma diferença qualitativa e quantitativa entre o pessoal do serviço social a tempo inteiro e o pessoal voluntário em termos de competências.
Para o desenvolvimento e manutenção de uma atitude profissional, para além da componente educativa geral, a integração nos discursos do Serviço Social reveste-se de uma enorme importância (cf. ibid., p. 179). Daqui resultam duas exigências:

- "Por um lado, a vontade do pedagogo social de
  Participação na formação profissional e no ensino superior e
- por outro lado (...) o cultivo da educação geral" (ibid., p. 182).

As instituições devem criar um quadro de educação e formação contínua que promova e exija isto. Para manter a educação geral, os ajudantes profissionais devem ter competências no domínio dos meios de comunicação social, entre outros.

A supervisão serve também como instrumento de manutenção de uma atitude profissional, que permite uma revisão das actividades socioeducativas e um distanciamento das mesmas. (cf. ibid., p. 182) "A supervisão serve para

- o aperfeiçoamento das competências instrumentais dos pedagogos sociais.
  dagogue no que respeita à sua aplicação adequada à situação,

- a reflexão sobre as disposições pessoais em relação ao contexto sócio-educativo
  e a sua integração solidária na mesma, e
- a reflexão sobre as relações de papéis no trabalho socioeducativo
  Isto permite ver a posição na estrutura do campo profissional" (ibid., p. 182).

Para von Spiegel (2005, p. 594), as regras seguintes podem ser recomendadas para uma abordagem metodológica orientada para o procedimento científico:

- "A divulgação dos pressupostos baseados na experiência que estão subjacentes à situação

  e interpretações e acções de problemas;
- Rever as suas próprias experiências e convicções, por exemplo confrontando diferentes pontos de vista ou procedimentos, evitando generalizações sem ter em conta o contexto;
- Formular e testar hipóteses sobre causas e efeitos;
- Adoção de competências em matéria de processos científicos - por exemplo, a Operacionalização dos objectivos ou observação sistemática das próprias acções;
- Desenvolvimento de uma atitude "experimental" em relação a si próprio Intervenções - como experimentar e avaliar diferentes abordagens em relação a um objetivo;
- Documentação das medidas de ação como base para uma revisão O programa centra-se principalmente na qualidade do trabalho, na verificabilidade (transparência) e na avaliação;
- Referência a teorias
  - alargar ou descrever alternativamente situações e problemas (conhecimento do estado);
  - analisar e explicar a natureza típica de situações ou problemas individuais (conhecimento explicativo);
  - para justificar objectivos (valorizar o conhecimento);
  - na construção e justificação de relações causais, incluindo a antecipação e as consequências prováveis de uma ação pretendida (conhecimento processual) (ibid., p. 594).

Müller e Becker-Lenz (2008, p. 28) escrevem que a ação profissional se localiza frequentemente em zonas de tensão e de contradições. É o caso da transferência entre teoria e prática, da existência simultânea de ajuda e controlo na intervenção e do problema da proximidade-distância na relação social (cf. ibid., p. 28).

As consequências de diferentes abordagens teóricas são ilustradas com base em dois modelos profissionais descritos abaixo. Ambos os modelos são "(...) significativos para o discurso sobre a teoria profissional no Serviço Social (...)" e têm "(...) conduzido a avaliações divergentes do grau de profissionalização e da profissionalidade fundamental desta profissão (...)" (Heiner 2004, p. 17).

2.2 Modelo de profissão relacionado com a estrutura segundo Oevermann

"O *modelo de profissão estruturada* de Oevermann (1996), baseado em Parsons, pressupõe três componentes centrais da atividade profissionalizada:

(1) o conhecimento especializado,

(2) orientação para o bem comum e

(3) a autonomia da profissão" (Oevermann 1978, 1996, p. 70ss, citado por: Heiner 2004, p. 17)

Estes três factores só estão presentes simultaneamente nas profissões clássicas e, por conseguinte, só elas alcançam uma reputação profissionalizada (cf. ibid., p. 17).

O pressuposto predominante é que os membros de uma profissão a exercem por convicção interior e que a profissão representa uma "vocação" para eles e que o exercício da profissão dá sentido às suas vidas. Por esta razão, não se fala de pagamento pelo seu trabalho, mas sim de remuneração como "taxa" pelas suas acções. Ao pagar um honorário, o cliente reconhece o serviço especial prestado pelo profissional. O pagamento de honorários transforma o cliente num parceiro contratual. Assim, não são apenas beneficiários dependentes de uma prestação. A dependência do pagamento reduz a irregularidade da relação com o profissional. De outro modo, o cliente mostra apenas uma vontade limitada de negociar a sua abordagem. Em vez disso, o profissional decide com base nas suas convicções profissionais. É de notar que esta assimetria só pode ser reduzida se os clientes forem livres de tomar as suas próprias decisões, ou seja, se puderem consultar outro terapeuta, médico, advogado, etc., sem quaisquer desvantagens. (cf. Oevermann 1996, citado por: Heiner 2004, p. 17f)

De acordo com Oevermann (1996, citado em: Heiner 2004, p. 18), o papel do profissional caracteriza-se pela dificuldade "(...) de não poder ser nem tão difuso, ou seja, tão abrangente, como uma relação privada que envolve toda a pessoa e todas as facetas da sua existência, nem tão específico, ou seja, apenas relacionado com a solução de determinados problemas, como uma relação pública.

As relações funcionais e profissionais são outras". O profissional tem de andar na corda bamba entre uma relação abrangente e uma relação específica (cf. ibid., p. 18).

Para além da importância da formação, para Oevermann (1996, citado em: Heiner 2004, p. 18), o desenvolvimento de um *"habitus"* profissional é de grande importância para o autocontrolo dos membros da profissão. "O habitus é um híbrido de ethos profissional e rotina profissional. Deve garantir que os profissionais não exploram a dependência dos clientes e dão sempre o seu melhor." (ibid., p. 18) O habitus profissional dos profissionais baseia-se em valores fundamentais que orientam as suas acções, tais como a autonomia e a integridade dos clientes, um sistema jurídico baseado num conceito de justiça, etc. (cf. Müller/Becker-Lenz 2008, p. 36) Müller e Becker-Lenz (2008, p. 36) consideram que um ethos profissional interiorizado, ou seja, uma atitude básica específica da profissão, é indispensável para o exercício de uma profissão. A ética profissional pode ser entendida como a expressão de uma atitude partilhada e específica da profissão. Está subjacente ao habitus profissional e serve para orientar as acções dos profissionais. (cf. ibid., p. 36) Müller e Becker-Lenz (2008, p. 35) consideram que os seguintes componentes são fundamentais para um habitus profissional no trabalho social

- "(...) um ethos profissional específico,
- a capacidade de formar uma aliança de trabalho e
- a capacidade de compreender os casos com a inclusão de dados científicos do conhecimento" (ibid., p. 35).

De acordo com Oevermann (1996, citado em: Heiner 2004, p. 18), a forma como os profissionais resolvem problemas consiste na combinação da aplicação geral de regras baseadas no conhecimento científico e na exploração empática das particularidades do caso individual, a "compreensão hermenêutica do caso". De acordo com Müller e Becker-Lenz (2008, p. 36), os profissionais devem "(...) reconhecer a diferença entre explicar (usando modelos teóricos) e compreender (o caso específico) e ser capazes de fazer as duas coisas." Cada caso deve ser compreendido na sua concretude e singularidade. É importante considerar cada caso de forma diferenciada e não o subordinar prematuramente a uma estrutura teórica estandardizada. A compreensão do caso deve incorporar as descobertas científicas e as teorias. A abordagem dos profissionais baseia-se na lógica da reconstrução (reconstrução da particularidade do caso concreto) e na lógica da subsunção (utilização de modelos teóricos e teorias abstractas). (cf. ibid., p. 38) Oevermann (1996, citado por: Heiner 2004, p. 18) descreve esta realização particular como a *"interpretação representativa "*. Ela representa a oferta de uma visão dos problemas que o cliente não está em condições de reconhecer, mas que se revela correta para ele. A interpretação representativa não pode ser estandardizada. O comportamento profissional só pode ser sujeito a rotinas e controlado por diretrizes administrativas até um certo ponto. (cf. ibid., p. 18f) Para Oevermann (1996, citado por: Heiner 2004, p. 19), a razão para a autonomia da ação profissional reside nesta não normalização da interpretação representativa acima mencionada. A compreensão do caso é vista como uma competência intuitiva, "(...) que é mais do que uma competência "manual" que pode ser aprendida" (ibid., p. 19). Esta visão corresponde à autoimagem de muitos pedagogos sociais de que as suas acções profissionais são puramente intuitivas e não uma "(...) abordagem metodológica justificável, comunicável e controlável (...)" (ibid., p. 19). (ibid., p. 19). Oevermann (1996, citado por: Heiner 2004, p. 19) "(...) nega ao serviço social o estatuto de profissão e, por conseguinte, também o direito de agir criativamente de acordo com o seu próprio critério. Mesmo que os assistentes sociais encontrem soluções criativas por si próprios, estas são "feitos heróicos especiais" de indivíduos, uma vez que o Isto pressupõe autonomia, que, segundo Oevermann (1996, citado em: Heiner 2004, p. 19), o trabalho social só alcança quando os assistentes sociais se tornam independentes. Segundo Oevermann (Sahle 1985, p. 152, citado em: Heiner 2004, p. 19), "os serviços criativos e as decisões autónomas não são compatíveis com a dependência do trabalho social da administração (estatal), porque esses serviços especiais .... não são abrangidos por nenhuma estrutura institucionalizada (...)". Segundo Oevermann (1996, citado por: Heiner 2004, p. 19), o trabalho social pode ser, na melhor das hipóteses, uma semi-profissão, uma vez que a sua autonomia está frequentemente ligada às especificações e instruções de outros, tais como profissionais médicos, advogados, especialistas administrativos, etc., não tem um campo de atividade claramente delineado nem um domínio de competência científica independente e correspondentemente delineado.

Heiner (2004, p. 20) escreve que "apesar de uma compreensão agora mais teórica da ação e relacionada com a competência da profissionalização (...) aspectos do modelo de Oevermann são ainda hoje transmitidos no trabalho social e o 'profissionalismo' (como um modo de ação) (...) está intimamente ligado à 'profissão' (como um estatuto profissional)".

2.3 Modelo profissional orientado para a ação e relacionado com as competências, segundo Schütze

O modelo de profissão de Schütze "(...) concentra-se mais na análise dos processos de interação, bem como nas intenções e estratégias dos envolvidos e na sua implementação" (Heiner 2004, p. 20). Não é o estatuto da profissão na sociedade, expresso, por exemplo, em termos de remuneração ou prestígio público, que é decisivo, mas sim as acções profissionais e a capacidade de resolução de problemas dos membros da profissão. Ao contrário do modelo estrutural das profissões, este modelo não se refere principalmente às caraterísticas das antigas profissões. Pelo contrário, procura resumir empiricamente as caraterísticas das novas profissões. (cf. ibid., p. 20)

Ao contrário de Oevermann, para Schütze "(...) não é claro, à partida, que a existência simultânea das exigências da profissão e das exigências da organização (incluindo a administração estatal) deva conduzir à determinação externa dos profissionais" (Heiner 2004, p. 20f). Pelo contrário, Schütze (1984, p. 319, citado por Heiner 2004, p. 21) é de opinião que a ajuda "(...) sob a forma de precauções organizacionais torna-se cada vez mais necessária à medida que a complexidade dos problemas da ação profissional aumenta", mesmo que as organizações tendam a interferir na resolução de problemas dos profissionais e, assim, a pôr em perigo a sua autonomia. As rotinas nas organizações são vistas como igualmente ambivalentes. Por um lado, impedem respostas específicas aos clientes; por outro lado, dão segurança ao processo de trabalho e contribuem para a uniformização dos resultados. (cf. Heiner 2004, p. 21) Ao contrário de Oevermann, Schütze (1984, p. 354, 361f, citado em: Heiner 2004, p. 21) vê o Serviço Social como uma profissão "(...) que cumpre uma importante missão social e (equipado com um conjunto de 'procedimentos poderosos') pode e intervém decisivamente na vida dos clientes." Schütze (1984, p. 311f, 329, citado por: Heiner 2004, p. 21) vê as dificuldades e os paradoxos como uma caraterística de todas as profissões.

No discurso atual sobre a teoria profissional, o profissionalismo é cada vez mais diferenciado da profissão. Enquanto o modelo de profissão de Oevermann só atribui profissionalismo às profissões que possuem todas as caraterísticas de uma profissão, no modelo de profissão de Schütze, o comportamento profissional, ou seja, o desempenho efetivo do trabalho, é decisivo. (cf. Heiner 2004, p. 24) "Neste sentido, os membros da 'semi-profissão' de serviço social (...) também podem atuar 'profissionalmente' se cumprirem as tarefas da profissão - no quadro das orientações sociopolíticas - de forma eficaz e de acordo com as normas profissionais" (ibid., p. 24).

A seguir, analisarei mais de perto este entendimento da profissão e apresentarei um *modelo-quadro* selecionado de comportamento profissional bem sucedido de Heiner (2004).

2.4 Um modelo de enquadramento para um comportamento profissional bem sucedido

Este modelo de comportamento profissional foi criado com base na interpretação de 20 entrevistas com profissionais de serviço social e caracteriza os critérios básicos do comportamento profissional em serviço social (cf. Heiner 2004, p. 155). Representa um modelo de enquadramento desenvolvido empiricamente para analisar e planear a ação profissional em Serviço Social (cf. ibid., p. 161). "De acordo com este modelo, cada profissional de serviço social tem de lidar com seis conjuntos de requisitos, embora com clientes diferentes e em momentos diferentes com ênfases diferentes" (ibid., p. 162):

1 .) Parcialidade reflectida e controlo útil como mediação entre o indivíduo e a sociedade

Este primeiro conjunto de requisitos baseia-se na função de intermediação do trabalho social. Os conflitos entre o indivíduo e a sociedade surgem quando os clientes não cumprem as expectativas sociais, mas estas têm de ser satisfeitas. Neste caso, o trabalho social deve posicionar-se e mediar entre as exigências da sociedade e as expectativas dos clientes. Isto exige que os profissionais de serviço social façam mais do que apenas tomar o partido do cliente com absoluta empatia. A mediação de interesses conflituosos só será bem sucedida se forem tidos em conta os limites sociais e individuais. Isto inclui a capacidade de garantir ao cliente o grau certo de autodeterminação através do apoio, ao mesmo tempo que se exerce um controlo suficiente e, eventualmente, se permite que o cliente seja controlado por outros. É igualmente necessário considerar se a inclusão nos sistemas sociais, como a família, a escola, o trabalho, etc., é necessária e útil, ou se a exclusão desses sistemas já não pode ser evitada. Os contrastes entre ajuda e controlo devem ser equilibrados pela experiência de um controlo útil. (cf. ibid., p. 162f)

2 .) Desenvolvimento de objectivos realizáveis e estimulantes face a perspectivas incertas de sucesso em domínios de atividade pouco estruturados

O trabalho social intervém frequentemente em domínios de atividade com mandatos difusos, pouco claros e indefinidos, não podendo, por isso, referir-se a um mandato único, concreto e vinculativo. Os profissionais de serviço social devem, em grande medida, determinar eles próprios o seu campo de atividade. Estabelecem prioridades, selecionam formas de intervenção, hierarquizam necessidades, estabelecem ou não colaborações, toleram ou não violações da norma, etc. No entanto, esta grande margem de manobra não se aplica a todos os domínios de atividade ou a tarefas individuais dentro de um domínio de atividade. Por exemplo, no caso de negligência de um bebé em risco de vida, a margem de manobra diminui para quase zero, se o bebé tiver de ser entregue aos cuidados de uma instituição. (cf. ibid., p. 163) Heiner (2004, p. 163) afirma que "(...) a maioria das actividades na maioria dos campos de trabalho (...) são caracterizadas pela natureza subestruturada do campo de atividade e pela difusão da tarefa".

No trabalho social, os resultados alcançáveis não podem ser claramente definidos de antemão em casos individuais. Este ponto de partida difuso e a situação da tarefa dificultam a definição de objectivos. O perigo reside em sobrecarregar-se a si próprio e ao cliente, em medir-se com objectivos irrealizáveis ou em contentar-se com o mínimo do que é possível alcançar, em vez de explorar todo o potencial de cada caso individual. (cf. ibid., p. 163) Segundo Heiner (2004, p. 163f), a superação destas dificuldades exige que os profissionais sejam capazes de "(...) posicionar-se adequadamente entre os pólos da abertura ou da estruturação, das exigências excessivas e das exigências insuficientes (...)". Além disso, devem ser iniciados processos participativos de definição de objectivos. A clarificação e a formulação de objectivos devem ser negociadas com cada cliente, com um compromisso entre desempenho e consideração. (cf. ibid., p. 164)

3 .) Cooperação multiprofissional e mediação de serviços em caso de perfis profissionais pouco claros e/ou controversos

Este requisito diz respeito à afirmação das suas competências profissionais, ou seja, normas e convicções, numa equipa multiprofissional ou à cooperação com outras instituições, a fim de conseguir um encaminhamento bem sucedido dos clientes. Ambos exigem a aceitação e o respeito das normas e convicções profissionais de outras instituições, mas ao mesmo tempo o profissional deve apresentar um perfil claro do seu trabalho e insistir nas normas da sua própria profissão nas suas acções. Para não pôr em causa a orientação comum para a causa, isto deve acontecer sem confronto constante ou demarcação de outros grupos profissionais. Uma discussão aberta, construtiva e orientada para a solução, bem como uma possível divisão de tarefas no tratamento de uma vasta gama de problemas dos clientes, são profissionais. (cf. ibid., p. 165)

5 .) Desenvolvimento das condições de enquadramento institucionais e infra-estruturais de uma profissão subordinada ao Estado-providência

Este requisito inclui o facto de o trabalho social só poder, muitas vezes, tornar-se ativo quando outros sistemas estão sobrecarregados ou já falharam. Um exemplo disto é a escola, que já não consegue lidar com uma criança perturbadora. Como o serviço social é uma profissão com uma função subordinada no Estado Providência, é muitas vezes chamado tardiamente por outros sistemas e, por isso, só pode tomar medidas preventivas muito limitadas. Para além do trabalho direto com os clientes, o diálogo produtivo com as várias instituições e os seus representantes, no sentido de fazer lobbying em nome dos clientes, é de enorme importância para os assistentes sociais profissionais, a fim de facilitar e promover o desenvolvimento das condições de enquadramento institucionais e infra-estruturais. Aqui, o profissional situa-se entre os interesses da sociedade ou entre os interesses de outros sistemas e os seus próprios interesses profissionais. Além disso, o profissional deve estar disposto a analisar criticamente a sua própria instituição e a defender melhorias. (cf. ibid., p. 166)

6 .) Utilização de padrões de interpretação holísticos e multi-perspectivos como base para abordagens de resolução de problemas abertas ao desenvolvimento numa base empírica

Este conjunto de requisitos está relacionado com a capacidade de reflexão. Para iniciar repetidamente processos de desenvolvimento com um resultado incerto e para ser capaz de lidar com recaídas, é necessário examinar constantemente as próprias acções e comportamentos com base na avaliação e nas descobertas científicas. A utilização de padrões de interpretação multidimensionais e multiperspectivos permite uma abordagem holística, orientada para os défices e para os recursos. Isto ajuda a evitar uma perspetiva unilateral. O objeto de reflexão aqui é o cliente, o sistema de apoio e as próprias acções profissionais. Neste contexto, a reflexão não significa apenas melhorar a própria higiene mental. (cf. ibid., p. 166f)

6 .) Orientada para as tarefas, conceção participativa das relações e ajuda limitada nas situações quotidianas

O trabalho social é mais confrontado com a vida quotidiana dos clientes do que as profissões vizinhas. Ao contrário dos contactos e da assistência quotidiana, o período de tempo e a intensidade são limitados. O objetivo desta ajuda profissional é permitir aos clientes ajudarem-se a si próprios, apoiar e promover um aumento da autonomia e, em última análise, reduzir ou terminar a relação de ajuda. A relação profissional exige um posicionamento entre a ação orientada para a pessoa e a ação orientada para os objectivos e, portanto, entre outros aspectos, um equilíbrio entre proximidade e distância. (cf. ibid., p. 164) "A assimetria da relação profissional requer uma atenção especial e sensibilidade para encontrar a posição correta entre 'proximidade e distância'" (Heiner, 2007, p. 470). Durante a vida profissional, a proximidade com os clientes diminui, enquanto a distância aumenta. Com o tempo, os profissionais desenvolvem a capacidade de variar espontaneamente a proximidade e a distância de acordo com a situação (cf. ibid., p. 470). Heiner (2007, p. 470f) escreve que os recém-chegados à profissão se identificam demasiado com os seus clientes, enquanto os profissionais experientes se caracterizam frequentemente pela rotina, pela resignação e, por vezes, até pelo cinismo. Ambos os casos conduzem ao "burning out", ou seja, ao esgotamento por exaustão emocional (ver capítulo 4.3) (cf. ibid., p. 471). É necessária uma combinação correta de simetria e assimetria para aliviar, apoiar e desafiar os clientes e encorajá-los a assumir responsabilidades. A relação fundamentalmente assimétrica deve ser tornada simétrica em certas fases e áreas através da participação e da negociação, de modo a alcançar um equilíbrio entre flexibilidade e coerência. (cf. Heiner 2004, p. 164f)

Em seguida, vou referir-me ao último requisito mencionado por Heiner e analisar a relação de ajuda em pormenor no que diz respeito ao aspeto da proximidade e da distância. Ao fazê-lo, irei perceber o que se entende por uma *relação profissional.*

Capítulo 3

3. A relação profissional

A criação de relações de ajuda é uma atividade fascinante que dura toda a vida. Todos aqueles que trabalham no domínio das relações humanas e tentam compreender esta área estão a trabalhar num problema que determinará o futuro. (Rogers 2000, p. 70f) Rogers (2000, p. 71) acredita que o futuro não dependerá das ciências naturais, mas de nós, seres humanos. Para estabelecer relações úteis, tentamos compreender as interações, interpretá-las e lidar com elas (cf. ibid., p. 71). Só quando consigo estabelecer uma relação de ajuda comigo próprio é que posso entrar numa relação de ajuda com o outro (cf. ibid., p. 65).

Para podermos passar aos aspectos de uma *relação profissional*, analisarei de seguida o termo relação. *O que é uma relação? Quais são as caraterísticas de uma relação profissional? Que importância tem a relação no processo de ajuda e que aspectos são particularmente importantes?*

3.1O que é uma relação?

"As relações estão no centro da maioria das peças de teatro, romances e filmes" (Asendorpf/Banse 2000, p. 1). Para muitas pessoas, as relações com outras pessoas são consideradas extremamente importantes. À primeira vista, o domínio das relações parece ser extremamente confuso. A razão para tal reside nas distinções entre os diferentes tipos de relações. (cf. ibid., p. 1) 'O facto de estes tipos de relações terem, no entanto, muitas coisas em comum, que justificam um conceito superior de relação, é uma constatação historicamente nova na psicologia do quotidiano" (ibid., p. 1f). Asendorpf e Banse (2000, p. 2) afirmam que, até à data, não existe uma psicologia das relações, mas há uma grande quantidade de investigação sobre os respectivos tipos de relações, como as parcerias, as relações pais-filhos, as relações entre irmãos, as relações entre as crianças e os seus pares ("relações entre pares"), as amizades e as relações na vida profissional.

No contexto da psicologia quotidiana, é feita uma distinção entre relações de papel, ou seja, relações funcionais, e relações pessoais. Enquanto as primeiras resultam de expectativas recíprocas de papéis, as segundas desenvolvem-se entre duas pessoas devido à sua personalidade e não devido aos seus papéis sociais. (cf. ibid., p. 1) Ambos os tipos de relações são constituídos por pelo menos uma díade, ou seja, duas pessoas, e têm pelo menos um padrão estável de interação. As relações têm normalmente vários padrões de interação. (cf. ibid., p. 4) O padrão de interação não descreve pessoas individuais, mas a díade (cf. ibid., p. 3). Asendorpf e Banse (2000, p. 4) escrevem que os padrões de interação estáveis de uma díade indicam uma relação, "e, inversamente, as relações apresentam padrões de interação estáveis".

A seguir, explicarei mais detalhadamente a distinção acima referida na psicologia quotidiana *entre relações de papel e relações pessoais,* para poder passar aos aspectos de uma relação profissional.

3.2Relações de papéis e relações pessoais

"As relações de papéis são relações sociais que são determinadas pelos papéis sociais das duas pessoas de referência" (Asendorpf/Banse 2000, p. 7). Estas relações são definidas pelos papéis desempenhados e não pelas pessoas envolvidas. Quando dois estranhos se encontram, pode demorar algum tempo até se formar um padrão de interação típico entre eles. (cf. ibid., p. 7) No entanto, também pode acontecer que surja um padrão de interação estável entre duas pessoas desde o início, nomeadamente quando ambas "(...) alinham o seu comportamento com as *expectativas* mútuas *de papéis*" (ibid., p. 7). Por exemplo, as negociações entre diplomatas podem permanecer as mesmas de conversa para conversa, uma vez que os parceiros de interação representam apenas portadores de papéis (cf. ibid., p. 7). O "papel" refere-se a uma expetativa culturalmente determinada do comportamento de interação" (ibid., p. 7).

Estas relações são "impessoais". Os papéis individuais podem ser atribuídos a pessoas diferentes sem que o padrão de interação se perca. A personalidade e a história da interação não têm qualquer efeito sobre a relação. (cf. ibid., p. 7) No entanto, Asendorpf e Banse (2000, p. 7) afirmam que quanto mais tempo durarem as relações de papéis, mais provável é que estas relações se tornem "mais pessoais", ou seja, que as figuras de vinculação comecem a reagir à personalidade da outra pessoa e à história da interação e aos seus acontecimentos. É muito difícil evitar que as relações de papel se transformem em relações pessoais (cf. ibid., p. 7).

"As relações pessoais começam quando as explicações baseadas no comportamento de papéis já não são suficientes" (ibid., p. 8). Se a interação social entre duas pessoas não for determinada por quaisquer papéis, é designada por relação pessoal, tal como uma relação entre dois amigos que não têm qualquer relação de trabalho um com o outro (cf. ibid., p. 8). Esta forma de relação é "(...) apenas uma função da interação contínua entre a personalidade de uma pessoa e a personalidade da outra *e* a sua história partilhada" (ibidem, p. 8). Ambos contribuem para uma influência significativa na sua relação. A história de interação das figuras de vinculação não é apenas determinada pela personalidade das pessoas envolvidas, mas também por acontecimentos externos que afectam a relação. Estes acontecimentos podem ser influências de terceiros, mas também podem ser meras coincidências que afectam o desenvolvimento da relação e ajudam a determinar o seu curso. (cf. ibid., p. 8) Asendorpf e Banse (2000, p. 8) afirmam que as relações pessoais "(...) são determinadas pela personalidade das duas figuras de vinculação e pelas influências externas na relação (...)".

A maioria das relações é uma mistura de relações de papéis e de relações pessoais (cf. ibid., p. 9).

3.1 A relação de ajuda profissional

"(...) uma relação pode ser definida como útil (...) quando um dos participantes se esforça por conseguir, para uma ou ambas as partes, que os recursos internos latentes do indivíduo sejam mais valorizados, mais sustentavelmente expressos e mais eficazmente utilizados" (Rogers 2000, p. 53). Rogers (2000, p. 63) escreve que as relações de ajuda têm caraterísticas diferentes das relações que não são de ajuda. A atitude da pessoa que ajuda e a perceção da pessoa que é ajudada são as principais caraterísticas distintivas (cf. ibid., p. 63f). De acordo com Rogers (2000, p. 63), uma relação eficaz e útil é aquela em que a pessoa que ajuda se comporta de forma congruente e transparente, está totalmente atenta ao cliente e compreende os sentimentos essenciais do cliente tal como lhe são apresentados.

Para melhor compreender os elementos atitudinais ou experienciais que criam um clima propício ao crescimento numa relação de ajuda, basear-me-ei nas experiências de Roger (2007, p. 211ss) com os seus clientes. A partir dessas experiências, ele desenvolveu condições essenciais para o funcionamento e o sucesso de uma relação de ajuda.

3.3.1A relação interpessoal como elemento fundamental da gestão do diálogo segundo Carl R. Rogers

Rogers (2007, p. 211) está convencido, com base nos seus muitos anos de trabalho prático com pessoas, que em qualquer profissão em que estejam envolvidas relações entre pessoas, "(...) a natureza da relação interpessoal com o cliente é o elemento mais importante na determinação do sucesso. Rogers (2007, p. 211f) afirma que, independentemente de o contacto com o cliente ser breve ou de longa duração, a natureza da relação é o elemento que liberta e promove o desenvolvimento e o crescimento.

A seguir, abordarei mais detalhadamente os quatro elementos de uma relação de ajuda que são importantes para ele, nomeadamente *a congruência* (concordância consigo próprio), *a empatia* (compreensão empática), a *apreciação ou afeto positivo* e *a aceitação incondicional.*

3.3.1.1Congruência (concordância consigo próprio)

De acordo com Rogers (2007, p. 213), o desenvolvimento pessoal é favorecido quando o profissional se mantém genuíno e sem fachada na relação com os seus clientes. Rogers (2007, p. 213) descreve este estado como congruência consigo próprio, o que significa que o profissional não se nega a si próprio no encontro pessoal direto e é completamente ele próprio.
Segundo Satir (1990, p. 131), neste tipo de resposta, todas as partes de uma mensagem vão na mesma direção, ou seja, as palavras combinam com as expressões faciais, a postura e a expressão vocal. Este comportamento torna as relações fáceis, livres e honestas e dificilmente ameaça a autoestima da pessoa em causa. Com as pessoas que se comportam de forma congruente, as mensagens são claras e diretas, revelam os seus sentimentos sem obstáculos, são capazes de se movimentar livremente, exprimem a verdade no momento, dizem o que gostariam de fazer e, assim, mostram integração e abertura.

Sentimo-nos confortáveis na presença de tais pessoas e confiamos nelas, pois sabemos pelo seu comportamento qual é a nossa posição em relação a elas. (O comportamento congruente é uma forma de reagir a pessoas reais em situações reais que permite concordar ou discordar de alguém com base nos seus próprios sentimentos (cf. ibid., p. 137). As suposições baseadas na experiência prática significam que o comportamento congruente é mais provável de ser encontrado em apenas um por cento da população (cf. ibid., p. 139).

Quanto mais genuíno for o profissional na relação com o cliente e quanto mais forte for o acordo consigo próprio, mais provável é que a personalidade do cliente mude (cf. Rogers 2007, p. 213).

Rogers (2007, p. 214) escreve que, mesmo no caso de sentimentos negativos em relação ao cliente, o ajudante deve preferir manter-se genuíno, em vez de colocar uma fachada que não corresponde à realidade. No entanto, segundo Rogers (2007, p. 214), isso não é fácil de conseguir. Para Rogers (2007, p. 215), o elemento da congruência representa "(...) uma condição altamente importante, de facto, possivelmente (...) a mais decisiva das outras condições a serem descritas (...)". No entanto, este elemento não é fácil de apreender nem de alcançar (cf. ibid., p. 215).

3.3.1.2Empatia (compreensão empática)

Para Rogers (2007, p. 216), a empatia é "(...) sentir o mundo interior do cliente, com os seus significados muito pessoais, como se fosse o seu próprio mundo (mas sem perder a qualidade do "como se") (...)". Para ele, a empatia é a essência de uma relação promotora de crescimento. O profissional desenvolve uma compreensão empática precisa do mundo pessoal do cliente. Se o ajudante for capaz de transmitir uma compreensão do mundo pessoal do cliente e de se movimentar livremente dentro dele, o profissional pode abordar os significados da experiência do cliente de que este normalmente não tem consciência. A empatia sensível pode permitir que uma pessoa se aproxime de si própria e aprenda a mudar e a desenvolver-se. Quando os técnicos de apoio absorvem o mundo do cliente no seu próprio mundo, correm o risco de ver a vida à maneira do cliente e de se transformarem nesse processo, o que leva os técnicos de apoio a analisarem e avaliarem, mas não a compreenderem, como proteção contra isso. (cf. ibid., p. 216f) Rogers (2007, p. 217) acredita que a mudança ocorre quando o profissional vê e sente como o cliente, "(...) sem perder a autonomia da sua identidade no processo de empatia." Para além disso, Rogers (2007, p. 217) afirma que a mera comunicação da vontade de empatia do profissional é suficiente,

A compreensão do(s) seu(s) cliente(s) é muito útil e pode ser apreciada. "Nenhum de nós pode manter uma tal empatia (...), mas podemos certamente evoluir nesse sentido" (ibid., p. 217).

3.1.1.1 Apreciação ou atenção positiva

Para promover um maior desenvolvimento, é extremamente importante para Rogers (2007, p. 218) que o profissional "(...) adopte uma atitude calorosa, positiva e de aceitação em relação aos processos do cliente". O profissional cuida dos seus clientes de uma forma não possessiva e respeita-os como indivíduos de pleno direito (cf. ibid., p. 218). Para Rogers (2007, p. 218), trata-se de um tipo de afeto que tem força e não faz exigências. Para isso, ele escolhe o termo "afeto positivo" (cf. ibid., p. 218).

3.1.1.2 Aceitação incondicional

Rogers (2007, p. 219) é de opinião que quanto mais incondicional for a atenção positiva, mais eficaz e bem sucedida será uma relação profissionalmente útil. Isto significa que o profissional não só valoriza os seus clientes em determinadas condições, como também lhes demonstra afeto positivo de forma abrangente. Não é feito qualquer juízo de valor sobre o cliente. (cf. ibid., p. 219)

Estes resumem os aspectos de uma relação de ajuda profissional tal como desenvolvidos por Rogers.

O momento da *transferência e* da *contra-transferência* é uma dificuldade particular a que o conselheiro está repetidamente exposto na relação com os seus clientes. De seguida, apenas abordarei este conceito de forma abreviada no que diz respeito ao seu significado para o trabalho social, uma vez que, de outra forma, ultrapassaria o âmbito do meu trabalho.

3.4 Transferência e contra-transferência

Os termos transferência e contra-transferência, que têm origem na psicanálise, podem exagerar muito a relação entre proximidade e distância numa relação.

"Na psicanálise moderna, a transferência é geralmente entendida como a repetição de padrões de relacionamento adquiridos e interiorizados na interação e situação actuais. A contratransferência refere-se à resposta emocional, a reação específica do analista à transferência do analisando." (Stemmer-Lück 2004, p. 97) [Na psicanálise, o profissional é referido como o analista e o cliente como o analisando]. "O que o analista sente e experimenta na relação de transferência é chamado de contratransferência" (ibid., p. 100). "Mesmo que o analisando não formule explicitamente a forma como percepciona o analista, este tem uma ideia, um sentimento de como está a ser vivido com base na sua contratransferência" (ibid., p. 98). A transferência e a contratransferência estão sempre juntas e constituem um aspeto da dinâmica da relação. O analista não só presta atenção aos conflitos e questões dentro e fora do setting, mas também tenta compreender o que se está a formar entre ele e o analisando. (cf. ibid., p. 97f) Nesta estrutura complexa da relação, tornam-se transparentes os diferentes sentimentos da relação e a atribuição de papéis (cf. ibid., p. 98).

Segundo Schmid (2007, p. 48), o conceito de transferência refere-se a duas coisas em relação ao campo de tensão entre proximidade e distância: "O desejo inicialmente emergente de que o analista o agarre e o beije cria uma proximidade súbita e muito veemente. No entanto, esta proximidade, com toda a sua vergonha e medo reactivos, conduz inicialmente a uma perturbação e a uma distância consideráveis." A proximidade e a distância estão dinamicamente ligadas nestas experiências (cf. ibid., p. 48). Schmid (2007, p. 52) escreve que a transferência está normalmente intimamente ligada a um processo de defesa. Por isso, a proximidade remete para a distância e vice-versa (cf. ibid., p. 52f).

No Serviço Social, a transferência ocorre na relação entre cliente e assistente social (cf. Stemmer-Lück 2004, p. 107). De acordo com Stemmer-Lück (2004, p. 107), o conceito de transferência e contratransferência é extremamente útil, se não mesmo essencial, para compreender e atuar profissionalmente. "Na relação direta com o cliente, o assistente social envolve-se na dinâmica específica da transferência/contratransferência" (ibid., p. 108). Isto encerra o perigo de atuar inconscientemente. O conhecimento do fenómeno da transferência e da contratransferência é extremamente necessário para não se perder na interação. Este conhecimento permite tomar distância, compreender a dinâmica e intervir de forma adequada. (cf. ibid., p.108) "A aplicação da transferência. Os conceitos de contratransferência são sempre particularmente apropriados quando o assistente social atinge os limites da compreensibilidade, quando o comportamento e as experiências do cliente parecem inadequados, incompreensíveis, irracionais e quando o assistente social se envolveu em relações conflituosas e stressantes que limitam a sua capacidade de refletir e agir" (ibid., p. 108). A partir de uma análise precisa da situação atual por parte dos assistentes, estes podem recolher uma grande quantidade de informações, por exemplo, sobre

Os padrões do passado são repetidos atualmente, embora de forma modificada. No entanto, não só os clientes, mas também os profissionais repetem padrões antigos no conceito de transferência e contratransferência e ajudam a moldar a relação profissional. *O que é que o cliente desencadeia em mim? O que é que em mim pode ter desencadeado a reação do cliente?* É sempre importante ser capaz de responder a ambas as perguntas. Isto requer um elevado grau de auto-consciência no trabalho social profissional. (cf. ibid., p. 110f)

Resumindo o conceito de transferência e contratransferência, Schmid (2007, p. 57) afirma que se trata de "(...) fazer pensar no trabalho prático os delicados emaranhados de proximidade e distância, de os transferir repetidamente para o pensamento reflexivo".

Tal como foi referido no início, o reconhecimento consciente da transferência e da contratransferência é essencial no *trabalho de relação* profissional. É importante que o momento da transferência e da contratransferência na *relação de trabalho* seja compreendido e controlado.

3.5Trabalho de relação e aliança de trabalho

"O termo 'trabalho relacional' suscita muitas vezes a suspeita de que se trata de um sentimento geral de bem-estar, de uma 'pedagogia fofinha'" (Bimschas/Schröder 2003, p. 10). O conteúdo e a objetividade desempenhariam apenas um papel muito secundário (cf. ibid., p. 10). Também quase não há descrições da prática do trabalho quotidiano das relações (cf. ibid., p. 17). Para Bimschas e Schröder (2003, p. 15), o trabalho relacional não representa uma abordagem autónoma do trabalho. "(...) vemos uma abordagem significativa das relações profissionais na teoria e na prática quando as relações no contexto das actividades e condições e situam-se como parte de uma aliança de trabalho (ibid., p. 15). Dörr (1996, p. 9) afirma que a expressão "trabalho relacional" se tornou muito popular no domínio psicossocial nos últimos anos.
Por um lado, trata-se "(...) da dificuldade de separar a atividade e os sujeitos que trabalham neste campo do seu trabalho - exige a pessoa inteira, não competências e capacidades individuais, funcionalmente separáveis ou temporalmente isoláveis - por outro lado (.)", "(...) é realçado o valor social, a funcionalidade da atividade educativa para o sistema social como um todo" (ibid., p. 9). Dörr (1996, p. 35) é de opinião que o trabalho relacional representa uma forma especial de atividade de serviço, em que o serviço social aqui referido está diretamente relacionado com as pessoas. É um trabalho com pessoas, sobre pessoas e diretamente para pessoas. (cf. ibid., p. 35) Para Bimschas e Schröder (2003, p. 9), o trabalho relacional representa "(...) uma necessidade quotidiana e prática no trabalho com jovens". Métodos, conceitos e condições de enquadramento podem ser desenvolvidos, alterados e experimentados. Os processos quotidianos de relacionamento dependem da capacidade, da intuição e da falta de suspeição das pessoas envolvidas e, por isso, são difíceis de compreender teoricamente. (cf. ibid., p. 9) Para Bimschas e Schröder (2003, p. 10), o facto de se chegar às pessoas e a forma como se chega a elas é de importância central no trabalho pedagógico. O objetivo do trabalho social é conquistar as pessoas para apoiar e reforçar o seu desenvolvimento através do contacto e das actividades (cf. ibid., p. 20). "(...) Quando o interesse e a curiosidade, por um lado, são combinados

com a experiência, o conhecimento e a vontade de comunicar, por outro, a aprendizagem tem lugar nas relações sociais" (ibid., p. 10). Se o sujeito não tiver motivação, não há processo de aprendizagem. A vontade de aprender com alguém e de se envolver com ele nas dificuldades é muito importante. (Se o profissional deixar uma impressão no cliente através da sua pessoa, do seu comportamento e da sua abordagem, terá um efeito sobre ele (Gloel 2002, p. 45, citado por: Bimschas/Schröder 2003, p. 18). No entanto, um possível efeito também depende de os clientes aceitarem e realizarem os objectivos e caminhos acordados para si próprios (von Spiegel 2002, p. 257, citado em: Bimschas/Schröder 2003, p. 18f). Os resultados não podem ser pré-determinados no trabalho relacional. O objetivo não é alcançado pela medida

, ou seja, pelo serviço oferecido, mas pelo que este alcança ou pode alcançar. (cf. Bimschas/Schröder 2003, p. 20) Para Bimschas e Schröder (2003, p. 19f),

os rituais, o estilo de interação e a transparência das regras são pré-requisitos importantes para o desenvolvimento de uma relação sustentável. O trabalho

relacional consiste em aceitar os limites e encontrar um apoio adequado e apropriado. O conflito e o desacordo são muitas vezes inevitáveis, o que leva a um certo distanciamento. (cf. ibid., p. 18). Muitas vezes, os profissionais têm a impressão de que o trabalho quotidiano da relação, normalmente muito árduo, não é devidamente compreendido do exterior. Quando a relação é trazida para o primeiro plano

, o profissional continua a debater-se com o ceticismo e a crítica. (cf. ibid., p. 16) Bimschas e Schröder (2003, p. 16) consideram necessário "(...) não separar

o trabalho sobre as *pessoas e as relações* do trabalho sobre os *conteúdos e as perspectivas*". Esta é também a razão pela qual muitos teóricos da profissionalização vêem a negociação e a manutenção de uma aliança de trabalho como algo muito essencial para a formação de uma relação pedagógica (Finger-Trescher/Krebs 2001, p. 49, citado em: Bimschas/Schröder 2003, p. 21). Müller (2000, p. 127, citado

em: Bimschas/Schröder 2003, p. 21) fala do facto de as relações pedagógicas

deverem ser transformadas em alianças de trabalho para evitar "cair na terapeutização

". cair na terapeutização". Bimschas e Schröder (2003, p. 22) defendem que a relação de trabalho deve ser tida em conta desde o início, aquando do desenvolvimento de novos programas.

A aliança de trabalho deve ser claramente formulada. "A aliança de trabalho representa os acordos entre pessoas específicas e clarifica as condições de enquadramento em que a relação se pode desenvolver" (ibid., p. 22). A aliança de trabalho torna reconhecíveis os aspectos profissionais da relação. Além disso, a aliança de trabalho ancora o lado do conteúdo, ou seja, as medidas e os objectivos profissionais. (cf. ibid., p. 22) Müller e Becker-Lenz (2008, p. 37) referem que as alianças de trabalho evitam o perigo "(...) de que a ajuda prestada pelos profissionais de serviço social crie ou mantenha uma dependência". No âmbito de uma aliança de trabalho, o cliente deve contribuir para a resolução dos seus problemas, consoante o seu grau de autonomia (cf. ibid., p. 37). De acordo com Müller e Becker-Lenz (2008, p. 37), uma aliança de trabalho é caracterizada por várias caraterísticas e regras que os profissionais devem observar:

- "O carácter voluntário ou o empenhamento interior na aliança de trabalho, incluindo em condições de coação externa, deve ser garantida" (ibid., p. 37).
- Os profissionais e os clientes são pessoas completas e, ao mesmo tempo envolvidos como actores. Os problemas dos clientes só podem ser resolvidos se estes estiverem totalmente abertos à ajuda e entrarem numa aliança de trabalho. Para além do papel de cliente, o profissional tem também deveres e tarefas na aliança de trabalho. O profissional também está envolvido como pessoa inteira e deve interessar-se pela crise do cliente para compreender a sua complexidade. (cf. ibid., p. 37) "(...) o que não faz parte do cumprimento específico da tarefa" deve ser tratado com abstinência pelo profissional (ibid., p. 37).

- Ajudar as pessoas a ajudarem-se a si próprias é o princípio de qualquer aliança de trabalho.

  Isto significa que os clientes têm de cooperar e contribuir (cf. ibid., p. 37f).
- A transferência e a contra-transferência têm de ser compreendidas na aliança de trabalho.

  e controlado (cf. ibid., p. 38).
- Os profissionais foram forçados pela lei e pela vontade política

  Devem cumprir o seu mandato, mas no cumprimento do seu mandato estão totalmente comprometidos com os clientes (cf. ibid., p. 38).

Em última análise, coloca-se a questão de *saber se o trabalho relacional pode ser aprendido ou se é um dado adquirido.*
Para Herwig-Lempp (2003, p. 12), o trabalho relacional pode ser aprendido. Os assistentes sociais devem ter a capacidade de moldar as relações com os seus clientes de forma a apoiarem o processo de ajuda e aconselhamento da melhor maneira possível. (cf. ibid., p. 12) Herwig-Lempp (2003, p. 12) afirma que esta capacidade é frequentemente vista como algo dado, mas de modo algum como algo adquirido ou apropriado. O trabalho relacional "(...) baseia-se em considerações teóricas e, portanto, também na possibilidade de exercer influência metodológica, mesmo que muitas vezes isso não seja conscientemente percebido. (Por outro lado, torna-se rapidamente claro como uma relação pode ser influenciada negativamente...)" (ibid., p. 12). As relações com os clientes podem ser ativamente moldadas pelos assistentes sociais, de que estes nem sempre estão necessariamente conscientes (cf. ibid., p. 12). As relações podem ser fomentadas através de acções concretas e de uma atitude adequada, "(.) por exemplo, através de

- A consideração e o reconhecimento das diferentes per

  perspectivas das pessoas envolvidas,
- o reconhecimento e a valorização da sua respectiva autonomia (voluntária

  se possível) e a sua teimosia (opiniões e interesses pessoais),

- a consideração de excepções ao problema,
- centrar-se nos recursos, nas competências, nos pontos fortes e nos êxitos,
- a questão dos desejos e das expectativas e desenvolvendo cumprimento das encomendas,
- trabalhar na formulação de objectivos e soluções dos clientes,
- a utilização hábil de elogios e outros métodos de apreciação" (ibid., p. 12f).

Herwig-Lempp afirma que a capacidade de estabelecer relações pode ser teorizada e, por conseguinte, também metodologicamente gerível (cf. ibid., p. 13). Não se trata de algo "(...) do qual se possa dizer: 'um tem, o outro não tem' (...)" (ibid., p. 13).

Todas as relações humanas têm de lidar com polaridades que precisam de ser mantidas em equilíbrio. Em seguida, falarei sobre a *polaridade da proximidade e da distância.*

Capítulo 4

4. Proximidade e distância - Uma polaridade nas relações de ajuda

Numa relação de ajuda, é essencial trabalhar com o equilíbrio correto entre proximidade e distância, o que contribui significativamente para o sucesso das relações de ajuda. Mais adiante, analisarei mais de perto este aspeto específico de uma relação profissional. Como base para isso, voltarei a Rogers e às suas condições para uma relação de ajuda funcional e bem sucedida. Como ele não utilizou os termos proximidade e distância nos seus elementos de uma relação de ajuda, tentarei agora introduzi-los nas suas hipóteses:

A congruência, ou seja, a autenticidade e a ausência de fachada do profissional em relação ao seu cliente, faz parte do aspeto da proximidade numa relação de ajuda profissional. A palavra proximidade descreve a familiaridade, o conhecimento e a compreensão recíproca numa relação, mas esta só é bem sucedida se ambas as partes forem autênticas e não apresentarem uma fachada.
A compreensão empática de Roger, ou seja, *a empatia,* inclui um outro aspeto de proximidade. Ao entrar no mundo do cliente, o conselheiro cria uma proximidade emocional com o cliente. A distância vem à tona aqui através do "como se" formulado por Rogers. O "como se" exige que o ajudante mantenha a distância profissional e uma visão do todo.

O que é que a proximidade e a distância significam para as relações de ajuda? Que influência têm os profissionais e os clientes neste domínio?
O meu trabalho incide sobre a tensão entre a *proximidade e a distância* entre ajudantes e clientes, ou seja, a polaridade da proximidade e da distância na relação de ajuda, que abordarei de seguida. Em primeiro lugar, gostaria de acrescentar que é difícil encontrar na literatura uma definição exacta da polaridade da proximidade e da distância.

4.1 Proximidade e distância
Uma abordagem ao campo de tensão

A relação entre os profissionais e os clientes desempenha um papel importante no trabalho com as pessoas. A dificuldade que daí resulta em conseguir uma proximidade e uma distância adequadas é uma questão geral para quem trabalha em serviço social. Esta área de tensão é um aspeto significativo do trabalho social quotidiano e constitui uma base importante para o trabalho de todos os profissionais. A mediação da proximidade e da distância é inevitavelmente uma das tarefas da ação profissional.

Dörr e Müller (2007, p. 8) escrevem que o comportamento profissional deve diferir do comportamento quotidiano na medida em que o profissional tem a capacidade de combinar e mediar a proximidade e a distância em relação aos seus clientes e às suas situações problemáticas.

Nagel (2000, p. 366ff, citado em: Dörr/Müller 2007, p. 9) é da opinião que o profissional só está em posição de compreender as situações problemáticas dos seus clientes se não atuar de uma forma baseada em papéis, "(....) mas utiliza o seu poder intuitivo e pessoal de experiência ('proximidade') para fornecer uma 'oferta difusa de compreensão', que ao mesmo tempo é apoiada por uma atitude distanciada de aceitação pela outra parte ('distância')."

Thiersch (2007, p. 29) é da opinião de que a questão da proximidade e da distância é uma questão quotidiana no trabalho social. "Alguns insistem na proximidade, ou seja, que a ação sociopedagógica é determinada pela qualidade do trabalho relacional, pelo envolvimento, pela criação de confiança (.)" e "outros vêem a caraterística real da ação sociopedagógica na capacidade profissional de manter a distância (.)" (ibid., p. 29). Os diferentes padrões de relacionamento na vida quotidiana caracterizam-se pela proximidade e pelo distanciamento. O sucesso da proximidade pressupõe a existência da distância e, inversamente, a distância é bem sucedida quando se pode relacionar com a proximidade. (cf. ibid., p. 31f) Thiersch (2007, p. 35) escreve que os destinatários precisam tanto da experiência de ligação como da imposição de auto-atividade, o que significa uma caraterização especial da proximidade e da distância. As pessoas no processo de tornar-se dependem da aceitação, do acolhimento e do amor incondicional. Ao mesmo tempo, precisam de liberdade para moldar as suas próprias vidas. Esta interação, caracterizada por uma proximidade e distância extremas, é precária. Os adolescentes são dependentes do pedagogo e, ao mesmo tempo, ameaçados por ele. (cf. ibid., p. 35) Thiersch (2007, p. 43) também afirma que a proximidade e a distância no comportamento são discutidas como uma questão de limites no comportamento. É impossível agir sem clarificar as expectativas e possibilidades mútuas. Os acordos e contratos garantem a liberdade dos destinatários na estrutura de poder das intervenções pedagógicas. Ao mesmo tempo, os acordos e contratos devem ser protegidos contra propostas rápidas dos profissionais. A sua negociação entre o profissional e o cliente requer paciência. (cf. ibid., p. 43)

Müller (2007, p. 141) é de opinião que as relações profissionais de trabalho são simultaneamente próximas e distantes. Nesta linha de pensamento, cita o exemplo do analista. Este conhece os segredos mais íntimos e os pontos de maior vulnerabilidade do cliente, mas mantém-se absolutamente afastado do seu quotidiano e não exerce qualquer influência ou poder sobre ele. (cf. ibid., p. 141) Ambos estão numa relação extremamente íntima. Desejam-se e lutam um com o outro. Isto acontece a um nível emocional inconsciente, fora do controlo da mente. No entanto, isto só é possível e não conduz ao caos emocional porque ocorre no âmbito de uma aliança de trabalho em que a abstinência é a regra básica. A extraordinária proximidade do processo terapêutico permanece excluída da "vida real" e está incorporada, por exemplo, no ato horário. O analista é responsável pela fronteira entre a intimidade no processo terapêutico e a intimidade na vida real. O cliente tem o direito de romper os limites dentro desta estrutura a qualquer momento. O cliente pode, sob sua própria responsabilidade, experimentar na vida real as experiências que fez no processo terapêutico. O analista deve ser capaz de tolerar não o ajudar a fazer isso. (cf. ibid., p. 145)

Ao longo da sua história, todas as profissões desenvolveram estratégias para permitir um distanciamento que, pelo menos simbolicamente, neutraliza os perigos de uma proximidade excessiva. Exemplos disso são a linguagem especializada, as "batas brancas", etc. (cf. ibid., p. 141f) Müller (2007, p. 142) escreve que este distanciamento no domínio da ação profissional pode ser extremamente benéfico para as pessoas. Uma pessoa em sofrimento atribui geralmente uma importância especial à confidencialidade, neutralidade e objetividade do tratamento profissional e talvez também a uma aura simbolicamente orientada dos ajudantes profissionais. (cf. ibid., p. 142)

Müller (2007, p. 149) também afirma que lidar com a vida quotidiana não é apenas uma tarefa das pessoas que ajudam, mas também da organização. Cita, por exemplo, o "período de familiarização" dos novos trabalhadores, conceitos para situações de crise previsíveis, etc. (cf. ibid., p. 149)

No campo da educação doméstica, segundo Müller (2007, p. 155), "(...) o risco de uma proximidade incontrolável não é apenas o maior perigo, mas também, se o risco for aceite e ultrapassado, a maior fonte de oportunidades." O mesmo se aplica à aceitação de uma distância interior difícil de suportar. Lidar com a proximidade não pode ser alcançado organizacional ou pedagogicamente. É o resultado da capacidade de permitir o inesperado. (cf. ibid., p. 155)

Para Schmid (2007, p. 57), o objetivo é mostrar "(...) como, de uma perspetiva psicanalítica, a proximidade e a distância estão inter-relacionadas e ligadas de uma forma complexa e não resolúvel". Não há como escapar a este facto, tanto em contextos educativos como terapêuticos. É importante incorporar as complexidades da proximidade e da distância no nosso pensamento e reorientarmo-nos constantemente para refletir sobre elas. (cf. ibid., p. 57)

Klatetzki (2007, p. 83) escreve que o pólo da distância está localizado nas reuniões de equipa reflexivas. A proximidade é entendida como interação na "linha da frente". A reflexão com os colegas serve, portanto, para (re)estabelecer o eu de uma pessoa. Nesta perspetiva, o entrelaçamento e a mediação da proximidade e da distância ajudam os profissionais a lidar com as tensões emocionais a que estão repetidamente expostos na "linha da frente". (cf. ibid., p. 83) O efeito deste esquema não é direto, mas indireto: "Ao estabilizar e consolidar identidades ameaçadas, o uso da diferença entre proximidade e distância também prepara uma abordagem profissional aos clientes" (ibid., p. 83).

Bimschas e Schröder (2003, p. 28) escrevem que um grande número de problemas de comunicação numa relação resulta do que é percepcionado como próximo ou distante. É importante trazer movimento para a relação, o que significa não se agarrar a uma ideia fixa de distância, mas permitir mais proximidade para poder trabalhar em quaisquer emaranhados. A proximidade está sempre associada a perigos aos quais não podemos escapar quando nos encontramos em relações humanas. O encontro ou o contacto com o outro só é possível se se introduzir os nossos próprios sentimentos, o que significa que já não estamos distanciados. (cf. ibid., p. 28) "(...) se não dispusermos de instrumentos para nos orientarmos nas relações com os outros e para distinguirmos o que é de quem, oscilamos entre os dois pólos extremos, o da grande proximidade associado ao perigo de fusão e o da grande distância associado ao perigo de nos tornarmos indiferentes ao outro" (ibid., p. 29).

De seguida, discutirei o *equilíbrio entre proximidade e distância* e sublinharei que este equilíbrio não pode ser tomado como garantido na vida quotidiana e é sempre precário. O conselheiro profissional deve tentar manter uma distância adequada dos seus clientes. No entanto, isto deve permitir uma relação de trabalho construtiva para ambas as partes.

4.1 Equilíbrio entre proximidade e distância

O equilíbrio correto entre proximidade e distância é extremamente importante em qualquer relação. O comportamento profissional só pode ser alcançado com um equilíbrio entre proximidade e distância.

Bimschas e Schröder (2003, p. 24) assumem "(...) que a capacidade de uma pessoa se relacionar é determinada pela sua 'separatividade'". Trata-se de "permanecer consigo próprio" numa relação. O fator decisivo é o quanto nos sentimos separados da outra pessoa. Se a fronteira entre duas pessoas estiver ausente e a proximidade for demasiado grande, a nossa própria identidade torna-se difusa. Quando não é possível reconhecer se são os nossos próprios desejos e necessidades ou os da outra pessoa, há uma sobreposição. O resultado é uma restrição da capacidade de ação em relação à outra pessoa. Não existe um ponto de vista seguro a partir do qual uma pessoa possa estabelecer ou entrar em relações. O resultado é uma apropriação total e um abandono das necessidades próprias. (cf. ibid., p. 24)

Encontramos proximidade em todas as nossas relações interpessoais. No entanto, esta proximidade encerra sempre perigos, como a desilusão, a mágoa, a traição ou, como foi referido no início, a renúncia a si próprio e às suas próprias necessidades.

Segundo Stierlin (1972, p. 62), "os conceitos de proximidade e distância (...) pressupõem-se mutuamente para poderem ser utilizados com sentido. A maior proximidade possível pressupõe ainda uma certa distância entre dois objectos. Se esta distância residual faltar, então a proximidade torna-se fusão e o termo proximidade deixa de ser aplicável." (ibid., p. 63) A proximidade e a distância denotam uma distância, mas não representam uma quantidade absoluta. O que parece próximo para uma pessoa pode ser distante para outra e vice-versa.
A proximidade e a distância são reais em todas as relações (cf. ibid., p. 63). Para ilustrar este facto, Stierlin (1972, p. 63) recorre aos três momentos hegelianos da relação:

-Desejo-prazer

-Trabalho e

-medo da morte

Estes momentos são essenciais para o significado da polaridade entre proximidade e distância.

O desejo e o prazer numa relação requerem proximidade e distância. O desejo e o prazer procuram a proximidade, mas também a distância das próprias necessidades e da outra pessoa capaz de as satisfazer. A proximidade só pode ser encontrada repetidamente através do trabalho de distanciamento. Através do distanciamento psicológico e emocional, podemos reconhecer o outro na sua alteridade. De vez em quando, é preciso "quebrar" o laço afetivo com a outra pessoa para a compreender. Este trabalho de distanciamento é difícil, porque traz à tona sentimentos de solidão e de marginalização. (cf. ibid., p. 63) Stierlin (1972, p. 64) escreve que o trabalho de distanciamento é difícil e doloroso, que pode ser comparado com o trabalho de aproximação e que tanto o trabalho de distanciamento como o trabalho de aproximação nos são sempre atribuídos. Esta sobre-

Estas considerações conduzem ao terceiro momento relacional hegeliano, nomeadamente o medo da morte (cf. ibid., p. 64). O medo da morte representa uma experiência-limite, "(...) que é a condição para passos essenciais de maturação" (ibidem, p. 64). O perigo desta experiência e as possibilidades de a ultrapassar parecem estar particularmente ligados à polaridade da proximidade e da distância. Numa relação, cada um dos dois parceiros deve ousar despertar os seus medos arcaicos da infância para encontrar um equilíbrio entre dependência e independência. (cf. ibid., p. 64) "A proximidade com o outro evoca (...) o perigo de que a cobiça, a insaciabilidade e a destrutividade da primeira infância despertem e sejam dirigidas contra a pessoa a quem nos tornámos indefesos e, assim, num certo sentido, restaurámos a nossa dependência infantil" (ibid., p. 64). Stierlin (1972, p. 64) escreve que temos de correr o risco de perder os limites do nosso ego, expondo-nos assim a um terror interior e, através do "(...) medo da loucura, abrindo a porta à própria loucura."

A este respeito, gostaria de salientar que Stierlin não fala de uma relação profissional, mas que os processos interpessoais desempenham um papel em todas as relações e não são apenas reconhecidos no que respeita às relações profissionais.

Bimschas e Schröder (2003, p. 24) escrevem que o excesso de afeto aparece como uma agressão em que os limites do ego são violados. A fronteira com o outro é vivida como difusa e permeável (cf. ibid., p. 24). Segundo Bauriedl (1994, p. 106, citado em: Bimschas/Schröder 2003, p. 24), quanto maior for a sobreposição entre duas pessoas, mais grave é a perturbação da relação ou a doença mental numa relação. Uma pessoa que foi exposta a abusos constantes na infância tem dificuldade em distinguir entre o eu e o outro, o que significa que lhe é difícil reconhecer os seus próprios desejos, sentimentos e medos e distingui-los dos dos outros. A pessoa tem dificuldade em olhar para si própria e, por isso, tende a confundir-se com as outras pessoas. (cf. Bimschas/Schröder 2003, p. 24f) Bimschas e Schröder (2003, p. 25) afirmam que a experiência e a perceção da demarcação e da diferença é uma condição prévia particularmente importante numa relação. Se eu estiver constantemente envolvido em sobreposições, não percebo a outra pessoa como a outra pessoa e, portanto, não tenho uma "relação real" com a outra pessoa. O resultado disto seria uma partilha de mim próprio, o que leva a confusões e mal-entendidos. (cf. ibid., p. 25) "De uma forma positiva, o objetivo nas relações deve ser o de ser capaz de reconhecer e manter os limites pessoais da própria pessoa" (ibid., p. 25). Isto pode levar a uma perceção das diferenças entre os parceiros da relação e a uma diferenciação entre nós próprios e a outra pessoa. Para desenvolver uma identidade clara, as fronteiras devem ser visíveis e perceptíveis para a criança em crescimento. Além disso, a interação entre proximidade e distância deve ser explorada e ambos os pólos devem ser reconhecidos. (cf. ibid., p. 25)

Bimschas e Schröder (2003, p. 25) resumem que este estado ideal acima descrito nem sempre existe nas relações, mas mostra o que deve ser tido em conta na configuração das relações no que diz respeito à proximidade e à distância e ao seu equilíbrio.

Thiersch (2007, p. 32) escreve que alcançar um equilíbrio entre proximidade e distância na vida quotidiana nem sempre é uma questão óbvia, mas é frequentemente muito difícil. A proximidade leva a relações de apego (cf. ibid., p. 32). "A distância, por sua vez, leva à coexistência de indiferença, negligência e descuido e, portanto, à falta de lugar na vida quotidiana" (ibid., p. 32).

Encontrar um equilíbrio entre proximidade e distância é um grande desafio para os profissionais, com o qual se confrontam mais ou menos diariamente na sua prática. Em seguida, abordarei a *síndrome de burnout no trabalho social*, que é uma doença mental relacionada com o trabalho que pode desenvolver-se quando há um equilíbrio insuficiente entre a proximidade, ou seja, o empenhamento e a distância, e que demonstra a relevância do equilíbrio correto.

4.2 Desequilíbrio entre proximidade e distância

A falta de limites em relação aos clientes e à profissão conduz a um stress excessivo dos profissionais, que se traduz em doenças mentais, comportamentos inadequados e, eventualmente, na fuga ao trabalho.

O trabalho profissional com pessoas é difícil, stressante e raramente recompensado. Os profissionais de ajuda são constantemente confrontados com situações que exigem simultaneamente cuidado e empatia, ou seja, distância e proximidade. As pessoas empenhadas, em particular, não estão imunes ao fenómeno do esgotamento. (cf. Reiners-Kröncke/Röhrig/Specht 2010, p. 7f)

Para tornar transparente a importância do equilíbrio entre a proximidade e a distância nas profissões de ajuda, passo a descrever esta doença profissional como um exemplo.

Burnout significa literalmente esgotar-se. No contexto dos ajudantes, este termo foi cunhado por Freudenberger (1974) nos EUA. (cf. Schmidbauer 2007, p. 322) Burnout significa "esvaziar-se a si próprio". Esgotar as próprias reservas físicas e mentais. (cf. Reiners-Kröncke/Röhrig/Specht 2010, p. 10) De acordo com Farber (1983, citado em: Reiners-Kröncke/Röhrig/Specht 2010, p. 29f), burnout é "(...) um estado de fadiga ou frustração causado quando a pessoa em causa se envolve num caso, num modo de vida ou numa relação que não traz a recompensa esperada." O burnout ocorre no contexto do trabalho com outras pessoas (ver Reiners-Kröncke/Röhrig/Specht 2010, p. 34). A empatia, o confronto emocional e o empenho intensivo podem causar um enorme stress emocional nos profissionais de ajuda (cf. ibid., p. 36). Inicialmente, Freudenberger utilizou o termo burnout para descrever assistentes sociais, psicólogos e médicos empenhados em clínicas independentes, "(...) que frequentemente apresentavam sintomas de exaustão e fadiga após um curto período de tempo" (Reiners-Kröncke/Röhrig/Specht 2010, p. 10). As fontes do burnout são a sobre-motivação e as expectativas ilusórias (cf. Schmidbauer 2007, p. 323). O cerne do burnout é "(...) o stress causado pelo contacto profissional com outras pessoas (...)" (Gusy 1995, citado em: Reiners-Kröncke/Röhrig/Specht 2010, p. 12). A interação emocionalmente exigente e desgastante com as pessoas pode ser citada como uma causa. Os factores que contribuem para isso são os conflitos de papéis e a ambiguidade de papéis. (cf. Reiners-Kröncke/Röhrig/Specht 2010, p. 28) O burnout é um processo gradual e prolongado. Ainda não há consenso entre os especialistas sobre a duração do processo. (cf. Reiners-Kröncke/Röhrig/Specht 2010, p. 14) Segundo Gusy (1995, Reiners-Kröncke/Röhrig/Specht 2010, p. 14), os processos de burnout podem ocorrer várias vezes ao longo da vida.

Schmidbauer (2007, p. 324) escreve que, na *fase inicial*, o excesso de empenhamento, ou seja, a falta de distanciamento, é um dos primeiros sinais de burnout. Para cumprir o papel de ajuda, as pessoas afectadas são hiperactivas, sentem-se indispensáveis e as suas próprias necessidades são negadas (cf. ibid., p. 324). Isto leva a uma confusão entre empenhamento e dedicação (cf. Reiners-Kröncke/Röhrig/Specht 2010, p. 32). "(...) os ajudantes compensam os seus problemas e necessidades pessoais com um maior empenhamento profissional" (ibid., p. 32). No entanto, esta compensação não pode ser mantida durante um longo período de tempo. Por exemplo
confundir as suas próprias necessidades com as do cliente pode levar a uma identificação excessiva. A definição de limites é difícil, mas absolutamente necessária. Se a pessoa que presta a ajuda não distingue entre o empenhamento adequado e o empenhamento excessivo, isso leva à dissolução da fronteira entre a vida do cliente e a da pessoa que presta a ajuda. (cf. ibid., p. 32)

Na *fase de queda*, esta fachada de desempenho acaba por se desmoronar. As aspirações e as experiências de sucesso divergem. As pessoas afectadas ficam confusas e a incerteza quanto ao seu papel aumenta. A distância crescente em relação às suas próprias tarefas e às pessoas de quem cuidam é um dos sintomas. Prevalece o cinismo na relação com os clientes. (cf. ibid., p. 324f) No contacto direto com os clientes, ocorrem alterações negativas, como a perda de sentimentos positivos em relação aos clientes (cf. Reiners-Kröncke/Röhrig/Specht 2010, p. 14). Outros sinais de alerta são a fadiga crónica, a relutância em aceitar o trabalho, a pouca vida privada, os contactos limitados, os interesses restritos e as actividades de lazer insatisfatórias. O trabalho é visto como mais cansativo, mais responsável e também mais mal pago do que todas as outras actividades. As pessoas afectadas sentem-se exploradas.

Esta fase de exaustão e desvantagem pode ser seguida de uma redução do desempenho na *fase de declínio*. A vontade de trabalhar e o empenhamento diminuem. Como as pessoas afectadas já não têm distância do seu trabalho e dos seus clientes, tornam-se incapazes de criticar. Para além dos sintomas depressivos, surgem também doenças físicas. O alcoolismo e a toxicodependência não são raros. Na sua vida privada, as pessoas afectadas afastam-se dos contactos e tornam-se solitárias. (cf. Schmidbauer 2007, p. 325ss) Schmidbauer (2007, p. 328) escreve que a *fase final* do desenvolvimento do burnout é um caso extremo raro. Pelo contrário, os afectados escondem o seu afastamento interior do trabalho, trabalhando de acordo com as regras (cf. ibid., p. 328).

É de notar que, até à data, existem apenas suposições preliminares sobre as causas, os sintomas e a evolução do burnout (ver Reiners-Kröncke/Röhrig/Specht 2010, p. 18).

Para Schmidbauer (2007, p. 329), a proteção mais importante contra o burnout é o desenvolvimento profissional constante. "Aqueles que conseguem desenvolver-se profissionalmente não se esgotam" (ibid., p. 324). O desenvolvimento da equipa e a supervisão confirmam-no repetidamente. Para Reiners-Kröncke, Röhrig e Specht (2010, p. 39), é de extrema importância na prevenção que os ajudantes estabeleçam limites internos e externos entre o trabalho e a sua vida privada, a fim de evitar a ocorrência da síndrome de burnout.

Tendo delineado o problema da demarcação entre o profissional de ajuda e os seus clientes, é extremamente importante para mim, no meu trabalho, destacar as oportunidades para os profissionais que podem promover uma gestão bem sucedida do problema da proximidade-distância. Para além de muitas outras competências, decidi, na minha pesquisa bibliográfica, explicar *a competência reflexiva* e *a autenticidade* mais detalhadamente *a* seguir.

4.3 Oportunidades de gestão profissional do problema da proximidade-distância

Para mim, pessoalmente, a competência reflexiva e a autenticidade são competências que garantem que a proximidade não conduz a uma intimidade agarrada e que a distância não conduz à indiferença e à fuga. Para conseguir criar um equilíbrio entre a proximidade e a distância em relação aos clientes e para atuar profissionalmente nesta área de tensão, é extremamente importante que os ajudantes lidem conscientemente com a competência reflexiva e a autenticidade, entre outras coisas.

4.3.1 Competência reflexiva

"Competência reflexiva significa a capacidade do pedagogo social de não perder ou negar o seu próprio desenvolvimento nos seus traços formativos, mas de o integrar nas suas acções profissionais" (Geißler/Hege 2001, p. 229). O termo "autoconsciência" descreve-o no seu sentido original (cf. ibid., p. 229). Neste sentido, "autoconsciente é aquele que, como alguém que se tornou, não deixa submergir o seu próprio desenvolvimento" (ibid., p. 229). Os próprios traços de personalidade são expressos e tornam-se efectivos no âmbito da atividade profissional. A interação do ajudante com os seus clientes é determinada por experiências anteriores que influenciam o comportamento profissional. (cf. ibid., p. 229) A sua identidade profissional "(...) só pode ser vivida como bem sucedida com base nas experiências anteriores, na sua reflexão e reavaliação crítica (...)" (ibidem, p. 229). Isto representa a subjetividade na ação profissional. Muitas vezes, as sensibilidades actuais das pessoas que prestam ajuda só podem ser explicadas e compreendidas se olharmos para as experiências de vida passadas. Se não conseguirem analisar e processar a sua própria história de vida, o trabalho sócio-pedagógico pode ser significativo. No entanto, não é possível prescindir da capacidade de perceber adequadamente o envolvimento subjetivo no problema atual, ou seja, de estar o mais livre possível do medo e de o incluir no decurso da interação. (cf. ibid., p. 229f)

Todas as profissões se caracterizam por um elevado grau de reflexividade. Trata-se de uma caraterística fundamental do comportamento profissional. A reflexividade é o resultado de um tratamento independente dos conhecimentos científicos e baseados na experiência em relação aos clientes, ao campo de trabalho e a si próprio. (cf. Heiner 2004, p. 43) Heiner (2004, p. 44) define a reflexividade como "(...) a vontade e a capacidade de analisar de forma sistemática, metodicamente controlada e autocrítica as próprias acções e as condições de enquadramento associadas (...).

Daheim (1992, citado em: Heiner 2004, p. 44) escreve que a ação reflexiva integra três tipos de conhecimento:

- "(...) o conhecimento científico,
- conhecimentos profissionais (experiência) e
- conhecimento quotidiano atual".

Os três tipos de conhecimento são combinados em relação à tarefa em causa e não são meramente implementados e aplicados, mas antes testados quanto à sua adequação (cf. ibid., p. 44). De acordo com todos os modelos de profissionalismo e para todas as profissões, esta utilização reflexiva "(...) constitui o núcleo indispensável da competência para agir" (ibid., p. 44). A competência para agir é adquirida durante a formação e está sujeita a um desenvolvimento e salvaguarda constantes na prática profissional através da supervisão e da autoavaliação. Se a relação com o cliente estiver apenas relacionada com objectivos, tarefas e actividades e não houver compreensão ou experiência independente dos objectivos acordados ou definidos, pode presumir-se uma falta de autorreflexão. Se for dada pouca ou nenhuma importância à formação e reflexão sobre a relação entre o ajudante e o cliente, e se a ação estratégica tiver precedência sobre a ação orientada para a compreensão, então a reflexão é reduzida a metade, possivelmente até a um repertório de intervenção reduzido a metade. (cf. ibid., p. 44ss)

Geißler e Hege (2001, p. 231) escrevem que é essencial para a ação profissional no trabalho social lidar com os motivos subjacentes às escolhas de carreira e com a sua análise e problematização. A formação desempenha um papel importante neste domínio. A motivação para a formação e para o exercício da profissão é frequentemente diversa, inespecífica, difusa e, em muitos casos, altera-se durante a formação ou no decurso do exercício da profissão. (cf. ibid., p. 231) "As opiniões originais são reconhecidas como racionalizações ou auto-desapontamentos quando se lida criticamente consigo próprio (por exemplo, motivos de "querer ajudar" ou, por exemplo, o motivo de se poder tornar "sócio-politicamente" ativo)" (ibid., p. 231).

A importância da reflexão crítica sobre as experiências passadas é evidente já durante o curso. Se, durante a formação, for possível abordar abertamente as próprias experiências anteriores, aceitá-las, analisá-las e problematizá-las, então muito se terá ganho. (cf. ibid., p. 230f) No entanto, Geißler e Hege (2001, p. 232) são da opinião de que a competência reflexiva só pode ser adquirida de forma limitada durante os estudos, uma vez que o conteúdo da prática profissional só pode ser transmitido de forma racional em grande medida. O tratamento de tais problemas é reservado à supervisão em serviço (ibid., p. 232).

4.3.2 *Autenticidade*

"'Ser real, 'viver autenticamente', existir de facto' - estas expressões denotam algo que as pessoas se esforçam por encontrar" (Luckner 2010, p. 6).

Thiersch (2009, p. 239) escreve que a questão da autenticidade é arriscada e aponta numa direção onde se pode encontrar algo necessário e importante. Reusch (2010, p. 5) é da opinião de que a questão da autenticidade só se torna problemática quando se lida com outras pessoas, uma vez que cada um parece sempre genuíno para si próprio.

"A palavra "genuíno" deriva originalmente de "legítimo": o "verdadeiro" (= filho legítimo) por oposição ao "bastardo" ilegítimo. Em sentido figurado, assumiu depois também o significado de 'verdadeiro', não adulterado' (amigo 'genuíno', pedra preciosa 'genuína')." (ibid., p. 6) No que diz respeito às pessoas, a autenticidade é mais uma exceção, pois quando alguém mostra "o seu lado verdadeiro", isso é geralmente digno de menção (cf. ibid., p. 7). Luckner (2010, p. 7) é de opinião que é impossível ser autêntico a longo prazo sem enlouquecer. A autenticidade baseia-se na autenticação, o que significa que ser autêntico significa fazer-se autêntico; não é predeterminado o que uma pessoa é, mas sim "(...) o que ela fez de si própria tendo em conta as circunstâncias da sua vida" (ibidem, p. 8). Não é possível olhar para um arquétipo, mas tentar aproximar-se do projeto pessoal através das experiências feitas no mundo. A autenticidade ou atualidade corresponde à relação entre o projeto de uma pessoa e a realidade. Se estivermos de acordo, falamos de existência autêntica, verdadeira, genuína. (cf. ibid., p. 8f) No entanto, Luckner (2010, p. 7) chama a atenção para o facto de as pessoas se iludirem frequentemente sobre si próprias, ou seja, mentirem a si próprias. A autenticidade requer autoconhecimento, ou seja, saber do que se é ou não capaz. Por isso, "Sê tu mesmo!" anda sempre de mãos dadas com "Conhece-te a ti mesmo!", que é um processo ao longo da vida em que o autoconhecimento e o projeto pessoal andam de mãos dadas. (cf. ibid., p. 7f) "(...) O autoconhecimento está no início da verdadeira individualidade" (ibid., p. 9). Para além disso, Luckner (2010, p. 9) é da opinião que a autenticidade de uma pessoa está ligada à existência de instituições. Não está para além da vida quotidiana e das instituições, mas sim da sua apropriação

modificadora (autenticação). As possibilidades autênticas abrem-se quando uma pessoa assume formas de
A prática de autenticação de uma instituição pode ser a mais importante (autenticando-se assim a si própria) ou rejeitá-la (autenticando-se também através da demarcação) e tentar estabelecer outras. O perigo é que estas possibilidades podem perder-se para as instituições de autenticação. A identidade autêntica está em constante perigo de se perder. (cf. ibid., p. 9) Assim, de acordo com Luckner (2010, p. 9), a autenticidade do eu só é dada para o momento. "A autenticidade não pode ser tornada permanente. A existência autêntica, sendo real, só é bem sucedida momentaneamente ou não o é de todo. É precisamente por isso que a identidade livre e genuína é um projeto para toda a vida." (ibid., p. 9).

Para Thiersch (2007, p. 36), quando aplicado ao trabalho social, o pedagogo deve ser reconhecível pelos seus clientes. "(...) ele deve ser credível na sua atitude pedagógica, no seu interesse em tornar-se e no seu equilíbrio entre proximidade e distância, ou seja, nos seus problemas de esperança, desilusão, decisão e lutas" (ibid., p. 36). É precisamente esta autenticidade que constitui um fator decisivo para o sucesso da interação educativa com os adolescentes (cf. ibid., p. 36). No acolhimento residencial, os educadores têm de lidar repetidamente com jovens que ainda não experimentaram o abandono e a aceitação das pessoas. Os gritos desesperados por pessoas reconhecíveis não são exceção neste campo do trabalho social. (cf. Thiersch 2010, p. 243) A autenticidade e a credibilidade dos profissionais de apoio legitimam o processo pedagógico e tornam-no possível. (cf. Luckner 2010, p. 41f) Para Thiersch (2010, p. 244), o empenhamento apaixonado e a autenticidade no comportamento pedagógico representam, por assim dizer, um núcleo interno. O empenhamento pedagógico é o gatilho e o meio do comportamento pedagógico. Embora a paixão e a autenticidade sejam necessárias, não são pré-requisitos suficientes para o comportamento pedagógico. (cf. ibid., p. 246) Assim, Thiersch (2010, p. 247) fala da autenticidade pedagógica como um momento da ação pedagógica, um
necessidade, mas não é um pré-requisito e não é tangível. "A autenticidade pedagógica

está relacionada com o interesse especificamente pedagógico no devir do outro, e tem o seu fundamento nele e só nele (...)" (ibid., p. 248). Além disso, a autenticidade pedagógica como ação está relacionada com um tempo específico e delimitado ou com uma tarefa. Deve ser sempre realizada na tensão entre o empenhamento e a libertação, ou seja, entre a proximidade e a distância. (cf. ibid., p. 248) Thiersch (2010, p. 248) salienta que as experiências de vida, os padrões de vida biograficamente adquiridos e os problemas fora do trabalho profissional têm um efeito na autenticidade pedagógica, que, na sua opinião, deve ser reconhecido e tratado. Thiersch (2010, p. 249) refere a compensação da própria fraqueza através da ajuda como uma ameaça à ação pedagógica. Ao atuar como ajudante dos outros, o profissional reforça a sua autoconfiança.

A proximidade com o destinatário aumenta os problemas de autenticidade. No entanto, é indispensável, uma vez que os ajudantes não se podem esconder atrás de modelos no seu trabalho. Esta proximidade depende, por conseguinte, de uma reflexividade constante para não se perder na selva das acções quotidianas e para não jogar com o profissionalismo. (cf. ibid., p. 251f).

Síntese das reflexões e perspectivas

Tal como descrito no título, o meu trabalho aborda aspectos importantes de uma relação de ajuda que ocorrem como um equilíbrio entre proximidade e distância na prática do trabalho social. A tese central deste trabalho é que a tensão entre proximidade e distância desempenha um papel essencial nas relações de ajuda no trabalho social.

A título introdutório, este artigo aborda o comportamento profissional em serviço social, que é uma condição básica para uma boa prática do serviço social. Em relação ao problema da proximidade-distância, a ação profissional também se situa nesta zona de tensão. Tal como foi discutido no modelo de enquadramento (ver capítulo 2.4), as acções profissionais e as capacidades de resolução de problemas dos membros da profissão são decisivas. Este entendimento da profissão implica uma relação orientada para a ajuda e que envolve o cliente.

Carl R. Rogers delineou os pilares importantes para uma relação de ajuda funcional e bem sucedida nas suas condições para uma relação profissional com o cliente, que desenvolveu através das suas experiências com os seus clientes. Para Rogers, a congruência, a empatia, o apreço ou afeto positivo e a aceitação incondicional são os elementos mais importantes de uma relação de ajuda, que criam um clima propício ao crescimento e uma base de trabalho significativa, constituindo, por isso, fundamentos importantes do trabalho social. Estes aspectos de uma relação de ajuda profissional descritos por ele são essenciais para o trabalho de relação e para a aliança de trabalho.

O meu trabalho centra-se na tensão entre a proximidade e a distância entre ajudantes e clientes, ou seja, a polaridade da proximidade e da distância na relação de ajuda. O aspeto da demarcação é essencial para o sucesso de uma relação produtiva. Enquanto as condições desenvolvidas por Rogers tendem a representar a proximidade com o cliente, o distanciamento representa a distância necessária para o profissional numa relação de ajuda.

O equilíbrio correto entre proximidade e distância é essencial para o sucesso de uma relação de ajuda profissional e serve para a proteção do próprio profissional. Na literatura, representa uma importante base de trabalho. Se houver um desequilíbrio entre a proximidade e a distância, os ajudantes ficam rapidamente sobrecarregados e esgotados, o que se manifesta em "burnout" e "blunting". As consequências são doenças mentais, comportamentos inadequados e, eventualmente, o abandono do emprego. Sem o equilíbrio correto entre proximidade e distância, o trabalho social profissional dificilmente é possível. É necessário um meio-termo para criar uma fronteira entre o indivíduo e o papel profissional.

No meu trabalho, é extremamente importante para mim destacar as oportunidades para os profissionais que podem promover uma abordagem bem sucedida do problema da proximidade-distância. Para além de muitas outras competências, decidi, na minha pesquisa bibliográfica, explicar mais pormenorizadamente a competência reflexiva e a autenticidade. Para mim, pessoalmente, a competência reflexiva e a autenticidade são competências que garantem que a proximidade não conduz a uma intimidade agarrada e que a distância não conduz à indiferença e à fuga. Para conseguir criar um equilíbrio entre a proximidade e a distância em relação aos clientes e para atuar profissionalmente nesta área de tensão, é extremamente importante que os ajudantes lidem conscientemente com a competência reflexiva e a autenticidade, entre outras coisas.

Em resumo, pode dizer-se que a tensão entre proximidade e distância é uma parte importante do trabalho social. Este aspeto é particularmente importante nas relações de ajuda. A distância correta em relação ao papel profissional, mas também em relação ao cliente, é essencial para um comportamento profissional eficaz. Uma vez que a polaridade entre proximidade e distância nas relações de ajuda raramente é abordada de forma explícita na literatura, foi importante para mim ter fornecido mais matéria de reflexão sobre este tema com este trabalho.

Bibliografia

Livros:

Asendorpf, J./Banse, R.: Psychologie der Beziehung. Berna, Göttingen, Toronto, Seattle (Verlag Hans Huber), 2000

Bimschas, B./Schröder, A.: As relações no trabalho com jovens. Estudo sobre a ação reflexiva na profissão e no voluntariado. Opladen (Leske + Budrich Verlag), 2003

Dörr, M.: Trabalho relacional. Sobre a dubiedade de um termo em voga no domínio psicossocial. Frankfurt am Main (Brandes & Apsel Verlag), 1996

Dörr, M./Müller, B. (eds.): Proximidade e distância. Um campo de tensão no profissionalismo educativo. Weinheim e Munique (Juventa Verlag), 2.ª edição, 2007

Dörr, M./Müller, B.: Introdução. Proximidade e distância como estruturas de profissionalismo em campos de trabalho pedagógicos, in: Dörr, M./Müller, B. (eds.): Nähe und Distanz. Um campo de tensão no profissionalismo pedagógico. Weinheim e Munique (Juventa Verlag), 2.ª edição, 2007, pp. 7-28

Geißler, K. A./Hege, M.: Konzepte sozialpädagogischen Handelns. Um guia para as profissões sociais. Weinheim e Basileia (Beltz Verlag), 10ª edição actualizada, 2001

Heiner, M.: Profissionalismo em serviço social. Conceitos teóricos, modelos e perspectivas empíricas. Estugarda (W. Kohlhammer Verlag), 2004

Heiner, M.: O trabalho social como profissão. Casos - domínios - competências. Munique, Basileia (Ernst Reinhardt Verlag), 2007

Klatetzki, T.: Wie die Differenz von Nähe und Distanz Sinn in den Einrichtungen der Sozialen Arbeit stiftet. Uma interpretação teórica organizacional, in: Dörr, M./Müller, B. (eds.): Nähe und Distanz. Um campo de tensão no profissionalismo educativo. Weinheim e Munique (Juventa Verlag), 2.ª edição, 2007, pp. 73-84

Mührel, E.: Compreensão e respeito. Reflexões filosóficas sobre atitudes profissionais no trabalho social. Essen (Verlag DIE BLAUE EULE), 2.ª edição, revista e aumentada, 2008

Müller, B.: Proximidade, distância, profissionalismo. Sobre a lógica da educação domiciliária como campo de trabalho, in: Dörr, M./Müller, B. (eds.): Nähe und Distanz. Um campo de tensão na profissionalidade educativa. Weinheim e Munique (Ju- venta Verlag), 2.ª edição, 2007, pp. 141-157

Reiners-Kröncke, W./Röhrig, S./Specht, H.: Burnout in der Sozialen Arbeit. Augsburg (Ziel Verlag), 2.ª edição revista e aumentada, 2010

Rogers, C. R.: Desenvolvimento da personalidade. Psicoterapia na perspetiva de um terapeuta. Stuttgart (Klett-Cotta Verlag), 13ª edição, 2000

Rogers, C. R.: Terapeuta e cliente. Fundamentos da psicoterapia do diálogo. Frankfurt am Main (Fischer Taschenbuch Verlag), 19ª edição, 2007

Satir, V.: Comunicação-Auto-valor-Congruência. Conceitos e perspectivas da prática da terapia familiar. Paderborn (Junfermann Verlag), 1990

Schmid, V.: Nähe und Distanz aus der Perspektive der Psychoanalytischen Pädagogik, in: Dörr, M./Müller, B. (eds.): Nähe und Distanz. Um campo de tensão na profissionalidade educativa. Weinheim e Munique (Juventa Verlag), 2.ª edição, 2007, pp. 47-58

Schmidbauer, W.: A síndrome do ajudante. Ajuda para quem ajuda. Reinbek perto de Hamburgo (Rowohlt Taschenbuch Verlag), 2007

Stemmer-Lück, M.: Espaços relacionais no trabalho social. Teorias psicanalíticas e sua aplicação na prática. Estugarda (W. Kohlhammer Verlag), 2004

Stierlin, H.: O fazer de um é o fazer do outro. Uma tentativa de dinâmica das relações humanas. Frankfurt am Main (Suhrkamp Verlag), 2ª edição, 1972

Thiersch, H.: Nähe und Distanz in der Sozialen Arbeit, in: Dörr, M./Müller, B. (eds.): Nähe und Distanz. Um campo de tensão no profissionalismo educativo. Weinheim e Munique (Juventa Verlag), 2.ª edição, 2007, pp. 29-45

Thiersch, H.: Authentizität, in: Becker-Lenz, R./Busse, St./Ehlert, G./Müller, S. (eds.): Professionalität in der Sozialen Arbeit. Pontos de vista, controvérsias, perspectivas. Wiesbaden (VS Verlag für Sozialwissenschaften), 2009, pp. 239-253

von Spiegel, H.: Ação metódica e competência profissional no campo de tensão entre trabalho de caso e gestão, in: Thole, W. (ed.): Grundriss Soziale Arbeit. Um manual introdutório. Wiesbaden (VS Verlag für Sozialwissenschaften), 2.ª edição, revista e actualizada, 2005, pp. 549-602

Revistas:

Luckner, A.: Torna-te quem tu és! Echtheit, Authentizität, Eigentlichkeit, in: der blaue reiter. Revista de Filosofia. Número 24, 2010

Müller, S./Becker-Lenz, R.: Der professionelle Habitus und seine Bildung in der Sozialen Arbeit, in: neue praxis. Número 1, 2008

Reusch, S.: Echt sein, in: der blaue reiter. Revista de Filosofia. Número 24, 2010

Outras fontes:

Herwig-Lempp, J. (2003): De que teoria precisa o trabalho social? http://www. herwig-lempp.de/data/publications/0302TheorySozArbJHL.pdf (13/04/2010)

MIX
Papier aus verantwortungsvollen Quellen
Paper from responsible sources
FSC® C105338

Printed by Books on Demand GmbH, Norderstedt / Germany